Elisha Goldstein y Bob Stahl

El manual del mindfulness

Prácticas diarias del programa de reducción
del estrés basado en el mindfulness (MBSR)

Traducción del inglés al castellano
de Fernando Mora

editorial Kairós

Título original: MBSR EVERY DAY: Daily Practices
                from the Heart of Mindfulness-Based Stress Reduction
                by Elisha Goldstein & Bob Stahl
© 2015 by Elisha Goldstein & Bob Stahl
  Publicado de acuerdo con New Harbinger Publications, Inc.
© de la edición en castellano:
  2016 by Editorial Kairós, S.A.
  Numancia 117-121, 08029 Barcelona, España
  www.editorialkairos.com

Fotocomposición: Beluga & Mleka. Barcelona
Diseño cubierta: Katrien Van Steen
Impresión y encuadernación: Romanyà-Valls. Verdaguer. 1. 08786 Capellades

Primera edición: Septiembre 2016
Cuarta edición: Mayo 2018
ISBN: 978-84-9988-515-5
Depósito legal: B 13.024-2016

Este libro ha sido impreso con papel certificado FSC, proviene de fuentes
respetuosas con la sociedad y el medio ambiente y cuenta con los
requisitos necesarios para ser considerado un «libro amigo de los bosques».

Sumario

Introducción   **11**

Parte I: Un momento

1. No dejes de ser un principiante   **27**

2. Vuelve a tus sentidos   **31**

3. Presta atención a tus pensamientos   **35**

4. Descubre la paciencia   **39**

5. ¡Juega!   **44**

6. Presta atención a una tarea simple   **48**

7. Conecta   **52**

8. El regalo de la imperfección   **56**

9. Practica con otras personas   **61**

Parte II: Respira

10. Simplemente respira   **67**

11. Prepárate para la práctica   **71**

12. Espacio, tiempo y postura   **75**

13. El ancla de la respiración   **80**

14. Haz las paces con tu mente   **85**

15. Descubre la gratitud   **89**

16. Confía en tu experiencia   **93**

Parte III: Afina el corazón

17. Practica la «bondad plena»   **99**

18. Ámate a ti mismo   **103**

19. Ábrete a la alegría   **107**

20. Sonríe (es bueno para ti)   **112**

21. Sé generoso   **115**

22. No te olvides de perdonar   **119**

23. Sé amable   **123**

24. Abre tu corazón a los demás   **127**

Parte IV: Medita

25. Empieza con tu cuerpo   **133**

26. Conoce los cinco obstáculos   **138**

27. Aplica los cinco antídotos   **142**

28. Dales la bienvenida y recíbelos   **147**

29. Deja ser y suelta   **151**

30. Gira hacia el lado en que patinas   **154**

31. Mindfulness en movimiento   **158**

32. Respiración, cuerpo y sonido   **162**

33. No te estreses con los pensamientos   **166**

34. Libérate de la crítica   **170**

35. Descubre la mente comparativa   **174**

36. Acepta todo lo que se presente   **178**

Parte V: Sé

37. La consciencia viva (amorosa)   **185**

38. Sumergido bajo tu identidad   **189**

39. Descubre tu equilibrio natural   **193**

40. Una ilusión óptica de la consciencia   **197**

41. Ten en cuenta a todos los seres   **201**

42. La bondad amorosa   **205**

43. Abriéndote a la interconexión   **211**

Bibliografía   **215**

Agradecimientos   **221**

Este libro está dedicado a todos aquellos
que deciden llevar
el mindfulness a su vida cotidiana,
contribuyendo a que el mundo
sea un lugar mejor para vivir.

Introducción

El presente libro contiene las prácticas esenciales que conforman el núcleo de los programas basados en el mindfulness más ampliamente aceptados y disponibles en la actualidad: la reducción del estrés basada en el mindfulness (MBSR) (también llamada, en castellano, REBAP o reducción del estrés basada en la atención plena). El lector encontrará en sus páginas métodos sencillos para aplicar la ciencia, el arte y la práctica del MBSR a su vida cotidiana con el fin de reducir el sufrimiento y aportarle mayor paz y equilibrio. Además, incluye nuevas prácticas para *cultivar la paciencia, descubrir los regalos de la imperfección, hacer las paces con nuestro cuerpo y mente, confiar en nuestra experiencia, cultivar la compasión hacia uno mismo, amarnos a nosotros mismos, meditar, liberarnos de los pensamientos negativos y sentirnos más conectados.*

Queremos subrayar que todos somos participantes activos en nuestra propia salud y bienestar y que, al permitir que este libro se convierta en nuestro compañero durante los días venideros, estaremos llevando a cabo un gran acto de cuidado –algunos dirían incluso que de amor– hacia nosotros mismos. ¿Por qué razón? No es ninguna novedad que cómo y a qué le prestamos atención no solo afecta a nuestra vida, sino que también modela nuestro cerebro. En lo que respecta al MBSR, los descubrimientos apuntan de manera consistente al hecho de que estas prácticas modifican, para mejor, nuestra mente, nuestro cuerpo y nuestra vida, puesto que:

- Incrementan la función inmune bajo estrés (Davidson *et al.*, 2003).
- Mejoran la resiliencia y la capacidad del cerebro para procesar bajo estrés las emociones (Davidson *et al.*, 2003).
- Aumentan la materia gris en la ínsula y el córtex cerebral (Hölzel *et al.*, 2011).
- Reducen el dolor crónico (Kabat-Zinn *et al.*, 1998; Rosenzweig *et al.*, 2010).
- Aumentan la *eudaimonia* o bienestar psicológico (Fredrickson *et al.*, 2013).

- Propician un incremento natural de la empatía y de la compasión tanto por los demás como por uno mismo (Shapiro, Schwartz y Bonner 1998; Shapiro *et al.*, 2005).
- Disminuyen la ansiedad (Miller, Fletcher y Kabat-Zinn, 1995) y los trastornos obsesivo-compulsivos (Baxter *et al.*, 1992).
- Previenen las recaídas en la depresión (Teasdale *et al.*, 2000; Segal *et al.*, 2010).
- Previenen la recaída en la adicción a las drogas (Parks, Anderson y Marlatt, 2001).
- Mejoran la calidad de vida, incluso padeciendo dolencias crónicas vinculadas al estrés (Carlson *et al.*, 2007).

Hay un dicho en el MBSR, que afirma que no importa lo que tengas que afrontar porque, mientras estés vivo y respires, habrá más cosas positivas que negativas. Pero, según parece, nuestra mente nos cuenta, la mayor parte del tiempo, una historia muy distinta, una narrativa interna que suele hablarnos de lo que va mal en nosotros, de qué modo nos comparamos con las personas que nos rodean o por qué somos de algún modo deficientes o imperfectos y, a vooos, quizá por qué somos tan maravillosos.

Son historias que, con frecuencia, se hallan en el núcleo de lo que alimenta el sufrimiento que experimentamos en nuestra vida cotidiana. Pero uno de los mayores regalos del mindfulness es que aprendes, desde dentro, que no eres las historias que te cuentas, ni siquiera aquellas que te dicen lo que eres. De ese modo, empiezas a ser cada vez mejor en el reconocimiento de que tienes la opción de decidir cómo y a qué prestas atención y de que puedes elegir ser consciente para *profundizar en tu historia, romper las rutinas, dejar ser* y *practicar la bondad* –cuatro de las prácticas abordadas en este libro–, y así, en lugar de permanecer bloqueado por las viejas pautas, dar un paso hacia una vida de mayor libertad y posibilidades.

Pero ¿cómo puedes *llevarlo a la práctica*?

¡Practica!

Aun disponiendo de maravillosos relatos científicos y personales del modo en que el MBSR puede cambiar la vida de la gente, el hecho es que, a menos que *practiquemos,* serán completamente inútiles.

Podemos leer blogs a diario, escuchar grabaciones o leer libros de continuo, pero, hasta que no implementemos realmente estas prácticas en nuestra vida, todas ellas nos servirán de muy poco. Si no aplicamos las técnicas, no se producirán demasiados cambios.

Pero, cuando las *practicamos*, aprendemos muchas cosas y experimentamos de qué modo una práctica sencilla como, por ejemplo, volver a los sentidos, es capaz de calmar la mente ocupada y de restaurar nuestro equilibrio (capítulo 2). La práctica nos permite darnos cuenta de que aumenta la compasión por nosotros mismos (capítulo 8), algo que, según ha demostrado la investigación, constituye un factor importante en la prevención de las recaídas en la depresión (Neff y Germer, 2013). Cuando convertimos el MBSR en el compañero de nuestra vida, simplemente empezamos a sentirnos más felices (Carmody y Baer, 2008).

Pero, si bien existen muchas razones de peso para practicar, nuestros condicionamientos pasados y todas las señales que recibimos del mundo exterior lo convierten en todo un desafío. Debemos tener una razón convincente para afrontar este desafío. Nadie va a descubrir esa razón en nuestro lugar; tenemos que ser nosotros quienes lo hagamos.

Una forma de descubrir tu propia razón para practicar el MBSR consiste en considerar cuáles son las circunstancias de tu vida que te han llevado a adquirir este libro. ¿Acaso padeces una enfermedad o algún tipo de dolor y quieres aprender una manera de convivir mejor con ello? ¿Experimentas un alto nivel de estrés? ¿Equilibrar tu vida laboral y personal te supone un reto? ¿Qué esperas cambiar en la medida en que vayas afrontando conscientemente los desafíos que se te presenten? ¿Quizá quieres obtener algo más de claridad, paliar el estrés o el dolor, aumentar el equilibrio o crear más paz en tu vida? Estas razones intrínsecas constituyen las motivaciones más poderosas (Niemiec, Ryan y Deci, 2009) que puedes emplear para impulsarte a alcanzar tu objetivo.

> *Ojalá comprendas que buscar tiempo para aplicar esta guía a tu vida es un regalo increíble que te estás haciendo.*

Cada vez que creas espacio para aplicar a tu vida este trabajo, estás cuidando de ti mismo. Como dice la frase popularizada por el trabajo del psicólogo Donald Hebb: «Las neuronas que se activan juntas se conectan juntas». Cada vez que utilizas estas prácticas y emprendes una acción deliberada para cuidar de ti mismo, estás fomentando la sensación de que eres importante. Y, si bien eso es fundamental para todos nosotros, lo es aún más para quienes, a fuerza de recibir el mensaje opuesto, han tenido una infancia insegura. Así pues, ¿cómo serían los días, las semanas y los meses futuros si tuvieses la sensación poderosa de que eres importante?

Valora tu estrés

Son muchos los libros que, si bien contienen abundante información acerca de cómo combatir el estrés, no brindan, en cambio, ningún modo de calibrar en nuestra vida la eficacia de sus consejos. Sin embargo, nosotros te proponemos que constates si las prácticas contenidas en este libro funcionan de manera adecuada. Así pues, antes de adentrarte en ellas, debes efectuar una valoración informal acerca de tus factores estresantes actuales. En la medida en que vayas integrando en tu vida el material del libro, puedes volver a llevar a cabo la valoración para comprobar si estás haciendo progresos con tu estrés.

Para ello, crea en una libreta una tabla de cuatro columnas. En la primera columna, escribe las cinco principales situaciones que son, para ti, los factores más estresantes presentes en tu vida. Pueden estar relacionados con el trabajo, la escuela, la pareja, el tráfico, las aglomeraciones de gente, la soledad, las noticias, la economía, el dolor físico, la comida insana, la falta de sueño, etcétera. Cuanto más concreto seas, más fácil te resultará rastrear tu progreso. Por ejemplo, en lugar de «tráfico», puedes escribir «conducir al trabajo en medio del tráfico matinal» o, en lugar de «mi relación de pareja», puedes escribir, «discutir con mi pareja por motivos económicos».

Las otras tres columnas sirven para valorar el nivel de estrés que te generan ese tipo de situaciones (a) en el presente, es decir, al principio de empezar a trabajar con el libro, (b) cuando llegues a la mitad y (c) al concluirlo. Así, en la segunda columna, puntúa ahora cada situación en una escala que va de 1 (menos estresante) a 10 (muy estresante). Y, cuando llegues a la mitad del libro, valora de nuevo las situaciones, y hazlo otra vez al terminarlo. Esto te proporcionará una medida objetiva que te permitirá comprobar si el libro te sirve de ayuda.

Por ejemplo, John se sentía muy estresado las noches del domingo, antes de iniciar su semana laboral, y percibía que su estrés aumentaba después de cenar y que, en el momento en que estaba a punto de irse a dormir, su mente corría a través de su lista mental de tareas pendientes. Cuando empezó el libro, puntuó su situación con un 8, indicando un estrés elevado. En la medida en que comenzó a ser más consciente de más momentos en su vida, a prestar atención a su respiración y a afinar su corazón, efectuó una reevaluación y constató que era capaz de calmar con más frecuencia su mente agitada, así que puntuó la situación con un 5. Hacia el final del libro, aunque su mente estuviese, de vez en cuando, más activa conforme se acercaba la hora de dormir, se sentía mucho más confiado de poder resolver, con una sensación de paz y alivio, esa situación, y la valoró con un 2. (Nota: si al examinar tu lista, constatas que puntúas tu situación con un 8 o más, puede ser aconsejable, además de utilizar el libro, la visita a un profesional de la salud.)

Al llevar a cabo la valoración, puedes descubrir que son estos mismos factores estresantes los que te han llevado en un principio a interesarte por este libro de mindfulness. Rumi, el poeta sufí del siglo XIII, escribió: «No gires la cabeza. Mantén tu mirada en el lugar vendado. Es el lugar por donde la luz entra en ti». Debes saber que las páginas que siguen son una guía que te permitirá utilizar los eventos estresantes para transformar tus dificultades vitales en tus mayores fortalezas.

Cómo utilizar este libro

Las palabras y prácticas aquí contenidas están basadas en décadas de experiencia personal y en un número exponencialmente creciente de estudios científicos, todo lo cual supone una cantidad ingente de información para poder ser examinada. Por eso, en este libro hemos seleccionado lo mejor del espíritu y la práctica del MBSR, los elementos que sabemos que no solo reducen eficazmente el estrés y fomentan la resiliencia, sino que también despiertan a una vida que merece la pena.

Hay varios modos de abordar este libro. Puedes hacerlo secuencialmente, caminando junto a él en el orden que hemos propuesto, o bien, dependiendo de tu nivel de experiencia en la práctica del mindfulness o el lugar en el que te encuentres, puedes sentirte más atraído por una sección concreta –como, por ejemplo, «Afina el corazón» (tercera parte)– y empezar por ella. Por lo general, aconsejamos dedicar unos cuantos días a la semana a cada práctica, permitiendo que el libro se convierta durante todo un año en un regalo de descubrimiento, alivio sanador, paz y alegría en tu vida.

Al componer el texto, hemos tratado deliberadamente de escribir cada capítulo de un modo que sea asimilable y aplicable a la vida cotidiana. Pero, con independencia del modo elegido para navegar por esta guía, *¡practica!* Tal vez adviertas algún cambio al instante o quizá te asalte la impaciencia, esperando transformaciones más rápidas y radicales, pero no dudes de que ocurrirán. La clave del cambio consiste en abordarlo todo con una actitud de aprendizaje y no con una actitud de rendimiento (Dweck, 2000, 2006). La actitud de rendimiento sienta las bases para que nos quedemos bloqueados porque, cada vez que incumplamos una expectativa, parecerá una confirmación de que nuestra capacidad es limitada. Por el contrario, la actitud de aprendizaje hace que incluso los inevitables obstáculos y contratiempos se conviertan en oportunidades que podemos aprovechar para investigar y seguir creciendo. Aunque ambos tipos de actitud puedan propiciar cambios, solo uno de ellos conduce a la maestría.

Recomendamos encarecidamente, para llevar a cabo este trabajo, conectar con amigos, familiares, colegas e incluso personas extrañas. Los otros son el mejor recordatorio de que tenemos que practicar. Si no conoces a nadie que esté interesado en acompañarte en este trabajo, puedes visitar el sitio http://www.mbsrworkbook.com y encontrar allí una comunidad. También puedes visitar http://www.meetup.com para comprobar si existe en tu zona algún grupo de práctica que utilice este material. Si no encuentras en este momento ningún grupo local, considera la posibilidad de iniciar uno; quizá haya más personas que deseen empezar la práctica de mindfulness. Contactar con otras personas no solo te servirá de apoyo, sino que también creará una reacción en cadena que curará a quienes están cerca de ti (y, tal vez, incluso al planeta entero).

Empieza una y otra vez

Parafraseando un viejo dicho, los escritos y prácticas contenidos en este libro pueden parecer simples, pero no siempre son fáciles. Aun con las mejores intenciones, te descubrirás desviándote del sendero. Como ocurre con cualquier otra cosa en la vida, es importante adoptar una relación lúdica que te permita establecer la intención de llevar a la práctica nuestras sugerencias y ejercicios y, al mismo tiempo, mostrarte también más comprensivo contigo mismo cuando algún obstáculo se interponga en tu camino. Así pues, ¿cómo podemos perseverar cuando nos enfrentamos a las inevitables dificultades de la vida?

Miriam era una mujer de 72 años que hacía ejercicio cada día y estaba en una excelente forma física para su edad. Cuando se le preguntó cuál era el secreto para levantarse a hacer ejercicio cada mañana, respondió: «En algún momento comprendí que todo lo que necesitaba hacer era pensar en ello como si se tratase de mi higiene personal. Cuando me levanto por la mañana, me cepillo los dientes y me ducho. Pienso que el ejercicio es algo muy parecido. Y siempre que dejo de hacerlo, me disculpo y simplemente empiezo de nuevo».

Ese puede ser un modo excelente de abordar este libro, esto es, como una especie de hilo mental, como una parte de nuestra higiene mental que ponemos en práctica a diario. Hay un refrán budista que afirma: «Cuando estamos orientados en la dirección correcta, todo lo que tenemos que hacer es seguir caminando». Y podemos añadir a esas palabras que: «Cuando nos desviamos de nuestra ruta, no debemos distraernos con críticas desesperanzadoras porque siempre podemos, sabia y compasivamente, empezar de nuevo, poniendo un pie delante del otro».

¡Felicidades! Ya has dado el primer paso. En la medida en que sigas caminando en la dirección que te has propuesto, recuerda que no lo haces tan solo en tu propio beneficio. La ciencia demuestra que nuestras actitudes y conducta tienen un efecto dominó que se transmite, a través de varios grados, a la gente que conocemos (Christakis y Fowler, 2007). La práctica y la intención que pongamos en el presente libro no solo será un regalo para ti, sino también para muchas otras personas.

Bienvenido a tu viaje de vida consciente.

Parte I:

Un momento

1. No dejes de ser un principiante

La reducción del estrés basado en el mindfulness ha hecho muy célebre el ejercicio de comer una pasa. Si no estás familiarizado con él, se trata de una práctica en la que utilizas tu faceta más creativa y lúdica e imaginas que eres un alienígena procedente del espacio exterior, que acaba de aterrizar en nuestro planeta y que, en sus exploraciones, encuentra un objeto: una pasa. Dado que nunca antes has visto ese objeto, lo sostienes con cuidado y examinas su apariencia, investigando su forma, color, contorno, tamaño y, tal vez, su naturaleza translúcida (en el caso de que se trate de una variedad de pasa dorada). Luego sigues percibiéndola con el resto de tus sentidos, comprobando si es áspera o suave, fría o caliente, húmeda o seca. Entonces aproximas la pasa a tu oreja, la haces girar y la aprietas un poco, percatándote de lo que oyes. A continuación, la acercas a tu nariz y la hueles varias veces. Por último, una vez que decides que es comestible, la introduces en tu boca, percatándote del modo en que el brazo sabe exactamente a dónde dirigirse. Cuando la ponen en su lengua, la boca de la mayoría de las personas empieza a salivar y se dan cuenta de que la textura percibida por la lengua es diferente a la que perciben los dedos. Cuando la muerden, una sinfonía de sabores se expande lentamente por determinadas zonas de la lengua, hasta que, por último, el bocado atraviesa la garganta.

Es sorprendente lo que sucede cuando aplicamos la mente de principiante a una experiencia tan simple como la de comer una pasa. Mucha gente dice cosas como: «Nunca imaginé que una pasa produjera un sonido» o «No creía que una simple pasa iba a proporcionarme tanta satisfacción». Un participante veterano de un grupo de práctica comentó lo siguiente, «Toda mi vida he estado tragando pasas a puñados; esto es sorprendente». Y, tras una pausa, añadió: «Hasta ahora no me había dado cuenta… de que no me gustan las pasas». Entonces todo el mundo rompió a reír. ¿Cuántas cosas en la vida llevamos a cabo de manera tan rutinaria que ni siquiera las disfrutamos o sabemos incluso si nos agradan?

El monje zen japonés Suzuki Roshi dijo en cierta ocasión: «En la mente de principiante hay muchas posibilidades, mientras que en la mente del experto hay muy pocas». Si la definición del mindfulness es «prestar una atención deliberada y carente de juicios», entonces, el cultivo de la mente de principiante es esencial para el mindfulness. La mente de principiante nos permite hacer a un lado nuestros prejuicios programados acerca de si algo es bueno o malo, correcto o incorrecto, justo o injusto y, en su lugar, implicarnos con ojos llenos de curiosidad y frescura como si fuese la primera vez que comemos una pasa. Cuando aprendemos a llevar la mente de principiante a nuestra vida cotidiana, las posibilidades parecen ilimitadas.

¡Practica!

Abraham Joshua Heschel dijo: «La vida es rutina, y la rutina es resistencia al asombro».

La mente de principiante está relacionada con la curiosidad y constituye un enfoque práctico que nos permite romper las viejas pautas y recuperar el contacto con la maravilla de la vida. Puedes ponerla en práctica mientras comes una pasa, contemplas un árbol o el cielo, sientes la piel de la persona amada, escuchas el canto de los pájaros o hueles tu postre favorito.

Trata de experimentar lo que siente física, emocional y mentalmente la mente de principiante o, dicho con otras palabras, cómo se siente el cuerpo cuando percibes algo por primera vez. ¿Qué emociones emergen? ¿La mente parece distraída o clara?

Sea como fuere, después de intentarlo durante un periodo, quizá durante un día o una semana, reflexiona acerca de lo que has percibido. ¿Hay algo que te haya sorprendido?

2. Vuelve a tus sentidos

Uno de los modos más rápidos de asentar una mente ocupada consiste, literalmente, en volver a nuestros sentidos. Norman Farb y sus colegas (2010) han puesto de relieve que, cuando llevamos nuestra atención al momento presente, se enlentece la actividad en la zona cerebral asociada a la distracción mental, lo cual es bastante lógico. Si estás sentado en un bar y pones tu consciencia en lo que estás bebiendo, puedes captar el aroma, la temperatura y el sabor que la bebida despierta en tu lengua. Y, cuando te halles totalmente inmerso en esa experiencia, es muy poco probable que te preocupe lo que va a ocurrir mañana. Pero, si bebes preocupado por lo que sucederá mañana, lo más probable es que termines consumiendo tu bebida sin haberla saboreado siquiera.

Solemos dar por garantizados nuestros sentidos y no reconocemos el regalo que suponen hasta que empiezan a fallar o hasta que desaparecen. Quizá sea la pérdida de visión la que te obligue a llevar gafas, o bien desarrolles un zumbido en el oído que mengüe tu capacidad de escucha. Tal vez una lesión nerviosa te dificulte percibir a través del tacto o puede ser que un resfriado común disminuya temporalmente tus sentidos del olfato o el gusto. Sin embargo, no tenemos que esperar a una catástrofe –o un simple resfriado– para ser más conscientes de los regalos de que disponemos aquí y ahora.

Puedes empezar a cultivar el mindfulness aplicando la mente de principiante a la magia de tus sentidos y advirtiendo que estás realmente vivo.

¡Practica!

Dedica ahora un tiempo a agradecer que tus sentidos funcionen. Dedica unos instantes a aplicar la mente de principiante a tus sentidos, siendo plenamente consciente de cada uno de ellos. Advierte de qué modo reacciona tu mente a todo lo que sientes. ¿Te resulta placentero, desagradable o neutro? Presta atención tanto al mundo que te rodea como a lo que hay en tu interior.

- *Audición*: cierra los ojos y escucha simplemente los sonidos que te rodean. Percibe cómo tu mente se apresura a interpretar y añadir imágenes a lo que oyes.
- *Visión*: echa un vistazo al exterior y maravíllate, durante unos instantes, del modo en que los ojos captan y ordenan los rayos de luz. Observa las formas y colores. Percibe el movimiento y la quietud.
- *Tacto*: quizá quieras cerrar los ojos y sentir tu piel o, tal vez, prefieras sentir la piel de alguien a quien quieres (puede tratarse de una persona o una mascota). Sé consciente de si lo que estás sintiendo es áspero o suave, caliente o frío, húmedo o seco. ¿Qué percibes?
- *Olfato*: tal vez quieras ir a la cocina, acercarte a alguien a quien quieres o dar un pequeño paseo y abrirte a un mundo de olores. ¿Cómo los sientes en tu cuerpo?
- *Gusto*: no podemos olvidarnos de este sentido. Toma tu comida favorita o quizá solo un aperitivo aplicando a ello, como en la meditación anterior de comer una pasa,

la mente de principiante. Si te resulta agradable, dedica un tiempo a demorarte en esa experiencia, escogiendo saborear lo que te gusta y percatándote de cómo desaparece.

Cuando lo hayas hecho, lleva tu atención a tu interior y date cuenta de lo que estás sintiendo física y emocionalmente. Una vez concluyas, reflexiona en lo que supone aplicar la mente de principiante a tus sentidos. Por último, agradécete el haber dedicado el tiempo suficiente a este ejercicio y piensa en el regalo que supone disponer de todos tus sentidos. Intenta, en tu vida cotidiana, llevar tu consciencia a ellos, sabiendo que estás realmente vivo.

3. Presta atención a tus pensamientos

Hace algunos años, la National Science Foundation afirmó que una persona tiene alrededor de 50.000 pensamientos al día. Sea verdad o no, lo cierto es que la mente nunca deja de pensar, analizar y tratar de entender las cosas. No importa si estamos despiertos o dormidos porque la rueda sigue girando. Nuestra mente funciona como una película, es decir, tanto con imágenes como con palabras. Algunas personas suelen pensar más con imágenes, otras con palabras y hay quienes experimentan una mezcla de ambas. Pero lo más llamativo es que la mayor parte del tiempo ni siquiera somos conscientes de lo que ocurre en nuestra mente.

Cuando empieces a observar tus pensamientos con atención plena, una de las cosas que advertirás es que está teniendo lugar algún tipo de «diálogo interno» en el que te hablas a ti mismo. Y, cuando le apliquemos la mente de principiante, percibiremos lo increíblemente duros que solemos ser con nosotros mismos, diciéndonos cosas que nunca diríamos a un amigo: «¿Qué me ocurre? Soy idiota» o «Nunca conseguiré hacerlo bien». Con el tiempo, nos percatamos de qué modo nuestro estado de ánimo distorsiona los pensamientos en una u otra dirección. Cuando nos sentimos de buen humor, disminuye la frecuencia e intensidad de los pensamientos negativos y puede que ni siquiera nos demos cuenta de que estamos pensando cosas como «¡Soy brillante!». En cambio, cuando somos presa del malestar emocional, los pensamientos negativos se tornan más intensos y frecuentes.

Pero, como ocurre con todas las cosas, estas formaciones mentales tienen un periodo de vida en el que emergen y desaparecen. Aplicar la atención plena a nuestros pensamientos no solo nos ayuda a familiarizarnos con el modo en que nuestra mente opera automáticamente, sino que también nos libera de que esos pensamientos nos dicten cómo somos y lo que creemos. Tú no eres tus pensamientos, ni siquiera aquellos que te dicen lo que eres.

¡Practica!

De vez en cuando, durante el día de hoy, formúlate una pregunta muy sencilla: «¿Qué está sucediendo en mi mente?». ¿Adviertes que estás pensando principalmente con imágenes, con palabras o de ambos modos? Cuando seas consciente de algún pensamiento, plantéate la siguiente cuestión: «¿Me pregunto cuál será el siguiente pensamiento?». Investiga de qué modo tu mente es muy rápida al juzgarte a ti y también a otras personas. ¿Te das cuenta de que esos diferentes estados mentales –pensamientos e imágenes– están en constante cambio?

He aquí algunas categorías de pensamientos en las que puedes descubrir que incurre tu mente:

- *Catastrofización*: esta es la mente jugando al «¿y si...?», el cual magnifica el peor escenario futuro con pensamientos de preocupación: «¿Qué pasaría si sucediese...? ¿Qué ocurriría si...?». Este tipo de pensamiento amplifica la ansiedad y la depresión.
- *Culpabilización*: en esta trampa mental proyectamos los sentimientos incómodos haciéndonos responsables del dolor de

otras personas, o bien haciendo a otras personas responsables de nuestro dolor. El problema en este caso es que, cuando percibimos la situación como algo que está fuera de nosotros, renunciamos a nuestro poder para cambiarla.

- *Reprocesamiento*: ocurre cuando nuestros pensamientos reflexionan sobre las circunstancias pasadas, volviendo a ellas una y otra vez, con frecuencia en un intento de resolverlas.
- *Ensayo*: en este caso, nuestra mente se representa un evento futuro, ensayando repetidamente los posibles modos en que podría suceder.

El mero hecho de investigar deliberadamente cómo funciona tu mente e incluso de etiquetar determinadas categorías de pensamientos puede ampliar el espacio existente entre la consciencia y los pensamientos. Es en ese espacio en donde residen tu libertad y tu capacidad de elección.

4. Descubre la paciencia

Una divertida tira cómica muestra a un grupo de monjes congregado en lo que parece un campus universitario. Uno de ellos, de pie encima de un banco, sostiene un megáfono y pregunta: «Qué es lo que queremos?». A lo que la multitud responde: «¡Mindfulness!». El monje con el megáfono vuelve a preguntar: «¿Y cuándo lo queremos?». Y la multitud grita: «¡Ahora!». Si bien esta historieta sobre el mindfulness se refiere a que debemos tratar de permanecer en el momento presente, también representa nuestro impulso cultural hacia la impaciencia. No es ninguna novedad que hemos crecido en una sociedad que lo quiere todo ahora; por esto esperar les parece, a muchas personas, una actividad insoportable. Sin embargo, la impaciencia es, en cualquier contexto, uno de los principales obstáculos para desarrollar la maestría porque, cuando somos impacientes, nos sentimos inclinados a abandonar. Por eso, una de las mayores habilidades que podemos desarrollar –y que nos servirá en todos los ámbitos de nuestra vida– es la *paciencia*.

La paciencia es esa tranquila voz interior que te susurra «ve poco a poco», dejando espacio a lo que está aquí. Gracias a ella, empiezas a entender que este es el momento que tienes al alcance de tu mano y que es importante que estés presente en él, puesto que es el momento en que estás viviendo tu vida. Imagina que escuchases esa voz interior cuando estás atrapado en un embotellamiento, aguardando tu turno en la cola del supermercado, esperando a que la chica que acabas de conocer responda a tu mensaje o durante una rabieta de tus hijos. ¿Qué cambiaría en tal caso? Habría mucha menos ansiedad y mucha más perspectiva y paz mental. Lo maravilloso de la paciencia es que se trata de una habilidad que, sin importar nuestra formación o educación, todos podemos aprender. El hecho es que, con independencia de que tengamos más o menos paciencia, el tráfico seguirá ahí, tendremos que aguardar nuestro turno en la cola, el mensaje aún no habrá llegado y nuestro hijo seguirá con su rabieta. Pero ¿quién es el que sufrirá? ¡Tú!

La paciencia es una fortaleza que fomenta la confianza y una sensación de control personal. En la medida en que vayas aplicando a tu vida los ejercicios de este libro, habrá algunas cosas que te resultarán fáciles y otras más difíciles, pero no olvides que debes, lo mejor que puedas, practicar paciencia. El único misterio en ello es que lo que practicas y repites en la vida se va tornando más fácil. No tardarás en descubrir que cada vez estás haciéndolo mejor a la hora de vivir con más atención.

¡Practica!

Lo más maravilloso del ejercicio de la paciencia es que transforma todas las experiencias de nuestra vida cotidiana –las que menos nos agradan– en oportunidades para practicar y crecer. Esto se parece a un estupendo truco de magia. Dedica unos momentos a pensar en todas las ocasiones a lo largo del día en las que sueles mostrarte impaciente.

Esta es una lista de diez experiencias muy comunes de impaciencia:

- En medio del tráfico.

- En la cola de un supermercado o de un cajero automático.
- Descargando una aplicación.
- Cuando habla otra persona y esperas tu turno para intervenir.
- Esperando un café o un té.
- Aguardando una respuesta vía mensaje de texto o correo electrónico.
- Cuando alguien no te entiende.
- En compañía de ciertas personas.
- Cuando un niño tiene una rabieta.
- Intentando dormir.

Cuando empieces a reconocer en qué momentos la impaciencia irrumpe en tu vida cotidiana, quizá descubras que es una experiencia sentida en el cuerpo como, por ejemplo, una opresión en el pecho o tensión en los hombros o el rostro. También puedes percibir una secuencia de emociones y pensamientos reactivos. Asimismo, advertirás que la impaciencia tiene un periodo de vida limitado y que, como el resto de las cosas, aparece y desaparece de manera natural. Si miras a tu alrededor, verás que no eres el único que se esfuerza en ser paciente. La experiencia de no sentirse a merced de la impaciencia resulta empoderadora.

Todos podemos desarrollar más paciencia y experimentar la sensación de libertad que está ahí siempre.

5. ¡Juega!

Cuando recordamos la época en que éramos pequeños, muchos de nosotros vemos que lo que más nos atraía no eran la escuela ni las tareas escolares, sino que lo que más esperábamos era el momento de jugar. Pero, cuando llegamos a la edad adulta, algo nos sucede, puesto que somos adoctrinados por un sistema en el que el juego se ve relegado al último lugar en nuestra lista de prioridades. No es algo que elijamos voluntariamente, sino un proceso sutil en el que se siembra y alimenta la creencia de que, sencillamente, el juego carece de importancia. Y, en la medida en que vamos haciéndonos cada vez más mayores, nos preguntamos por qué «nos sentimos tan viejos».

> *No dejamos de jugar porque nos hagamos viejos, sino que nos hacemos viejos porque dejamos de jugar.*

Esta cita, del dramaturgo irlandés George Bernard Shaw, da en el clavo porque la juventud es una cuestión de mentalidad y actitud. Uno de los participantes de nuestro grupo MBSR tenía 62 años, pero parecía mucho más joven. Según decía: «Mi cara refleja lo que soy en mi interior». Y es cierto; era un tipo alegre y, como suele decirse, con un corazón joven.

Se afirma que, en el momento en que una persona cumple los 50 tiene el rostro que se merece. Así es como la mente afecta directamente al cuerpo. La verdad es que nunca somos demasiado viejos para empezar a jugar de nuevo. La cuestión entonces es la siguiente: ¿cómo podemos hacer que haya más juego en nuestra vida?

¡Practica!

Una de las cosas maravillosas que tiene el mindfulness es que nos alienta a romper la rutina y retornar a la maravilla de la vida cotidiana. El mindfulness y el juego van de la mano. En su prólogo a nuestro libro *Mindfulness para reducir el estrés: una guía práctica*, Jon Kabat-Zinn afirma que la práctica de mindfulness es una «aventura gozosa». El hecho es que, si bien vivir de manera consciente reviste múltiples beneficios, no podemos tomárnoslo demasiado en serio. Si somos muy rígidos acerca de permanecer presentes en nuestra vida, terminaremos excesivamente apegados al mindfulness, lo que solo generará decepción y frustración cuando no consigamos estar presentes.

En lugar de ello, podemos contemplar el mindfulness con una mirada curiosa, e incluso en los momentos en que estemos menos atentos (y hay muchas oportunidades para ello) preguntarnos: «Vaya, ¿no es esto interesante? ¿Cómo he llegado a este punto?». Eso facilitará que disculpemos nuestra distracción y también que aprendamos cómo hemos llegado hasta ahí. Con esa actitud mental, volveremos mucho más rápido al punto de partida (generando en el proceso un poco más de felicidad).

Rompe la rutina y retoma de manera deliberada el juego en tu vida. En su libro *El camino del artista*, Julia Cameron nos propone crear una «cita con el artista», lo cual supone dedicar dos horas semanales a hacer algo lúdico y creativo, algo para lo que normalmente pensaríamos que no tenemos tiempo. Puede tratarse de tocar la guitarra, leer poesía, sentarse en un bar a escribir, ir de excursión a un lugar desconocido, visitar a un nuevo vecino, jugar a videojuegos o empezar esa obra artística que has estado posponiendo porque «simplemente no tienes tiempo» o porque «no eres artista».

No negocies con tu mente, la cual te dice que no tienes tiempo o que no es importante; simplemente planéalo y llévalo a cabo. Todos necesitamos regar las semillas de la diversión porque ello no solo nos aporta más alegría, sino que consolida una actitud fundamental que facilita nuestra práctica de la atención plena. También mantendrá viva nuestra juventud y, probablemente, alargará nuestra vida. ¡Dale una oportunidad!

6. Presta atención a una tarea simple

En la vida, hay muchas cosas que hacer, y parece que, si no las realizamos, la vida podría llegar a ser algo cada vez más complicado, en la medida en que se van acumulando las responsabilidades. Hay ocasiones en que nos parece que hay tantas tareas pendientes que resulta imposible llevarlas a cabo. Tan solo en una misma mañana, después de despertarnos, tenemos que ducharnos, hacer el desayuno, comerlo, lavar los platos y responder correos electrónicos y mensajes de texto. Y, en el caso de que tengamos hijos, la lista aumenta porque debemos preparar los almuerzos de todos ellos, hacer que tomen su desayuno, lavar los platos y conseguir que se vistan, y todo ello mientras tratamos de impedir que se alteren demasiado, algo que puede resultar complicado.

Pero, cuando empezamos a comprender

que podemos prestar más atención a las tareas simples de la vida y que la mente tiene el poder de enlentecer las actividades y de utilizar la atención de manera más intencional, las cosas empiezan a cambiar.

No hace mucho, yo (Elisha) volví a casa después de ver a algunos clientes, y todo lo que quería era descansar, pero no siempre conseguimos lo que queremos. La vida tiene sus propios planes y, cuando llegué a casa, parecía como si alguien hubiese vertido Red Bull en el zumo de mis hijos, mi esposa también me dijo que tenía mucho trabajo que hacer y me preguntó si podía, después de cenar, limpiar la cocina. Entonces, traté de abrirme paso a través de los platos sucios, soñando con un momento de relax en la planta baja.

Cuando acabé, a punto de derrumbarme, me encontré, para mi sorpresa, con una montaña gigantesca de ropa limpia esperando a ser plegada. Aunque de entrada me sentí irritado, me acometió un momento de aceptación al resetear mis expectativas para esa noche y depositar toda mi atención en la camiseta que tenía ante mí. La levanté, sintiéndola entre mis manos, la plegué suavemente y seguí haciendo lo mismo con el resto de las prendas, había algo muy tranquilizador en ello. Descubrí que algunas prendas me traían recuerdos de mis hijos jugando o de la noche en que mi esposa y yo habíamos salido. Mientras lo hacía, todo mi cuerpo se relajó y me di cuenta de que estaba disfrutando realmente con ello. Me sentí agradecido por aquel recordatorio tan poderoso del mindfulness.

¡Practica!

Como dijo Kabir, poeta indio del siglo xv: «Allí donde te encuentres, esa es la puerta de entrada». La oportunidad de ser consciente e instalarse en el momento presente siempre está ahí. La ducha matinal es un gran ejemplo porque la mayoría utilizamos ese periodo para planificar nuestra jornada y pensar en todas las tareas que nos aguardan. Todo lo que tenemos que hacer es aplicar lo que hemos aprendido antes en el capítulo titulado «Vuelve a tus sentidos» (capítulo 2). Imagina que esta es la primera vez que utilizas esta ducha. ¿Qué es lo que ves? ¿Percibes cómo el agua al caer rebota en tu piel? ¿Adviertes el brillo o el color del jabón o el champú? ¿Qué es lo que hueles? Inspira una vez y después otra. Siente tu piel, tu cuerpo o cualquier cosa que te llame la atención. Hay una cierta rutina que sigues al tomar una ducha; si es así, ¿qué sucedería si la alterases un poco? Cierra los ojos y escucha simplemente el ruido del agua. Percibe cómo fluctúa. Sé consciente de lo que significa estar en la ducha.

Mientras lo haces, explora tu cuerpo. ¿Cómo te sientes?

Puedes aplicar esta misma práctica a otras tareas simples como andar, escuchar, comer, responder correos, estar con tu mascota, acompañar a tu pareja, cuidar del jardín o saborear una bebida que te agrade. Cuando, en nuestra vida cotidiana, somos conscientes de este tipo de tareas sencillas, desciende el volumen de nuestra mente errante y nos abrimos a la intensidad que reside en todo lo que nos rodea.

Aprovecha la oportunidad y sumérgete en las riquezas que atesora tu vida.

7. Conecta

Aplicar la atención plena a nosotros mismos y a las relaciones que mantenemos en nuestra vida cotidiana es uno de los pilares en que se basa la reducción del estrés basado en el mindfulness. Tan pronto como abrimos los ojos por la mañana, empiezan a desplegarse en nuestra mente historias que influyen en el modo en que percibimos a los demás. Podemos albergar ciertos prejuicios acerca de cómo son nuestra pareja, esposa, marido, hijos o compañero de piso. Cuando cruzamos el umbral de nuestra casa, también tenemos ideas sobre cómo son los vecinos, el camarero, el dependiente del supermercado, los compañeros del trabajo e incluso los extraños.

Así pues, la pregunta es: ¿llegamos alguna vez a ver realmente a las personas que hay detrás de nuestros juicios de lo que son? La mayor parte de las ocasiones, la respuesta es un rotundo «no».

La madre Teresa dijo: «La más grave enfermedad actual no es la lepra o la tuberculosis, sino el sentimiento de falta de pertenencia». Dado que afrontamos con el piloto automático nuestras relaciones cotidianas, nuestra capacidad para interpretar el mundo de manera automática puede abocarnos a la desconexión, lo que nos conduce a su vez a una vida de *malestar*.

Es así de sencillo.

La ironía que conlleva la era digital es que, si bien existen muchas más posibilidades de comunicación, son muchas las personas que se sienten más solas e incomunicadas. Es como si hubiésemos caído en un trance en el que nuestro cerebro termina convirtiéndolo todo en un objeto, y conectar con un objeto es muy difícil. Pero la comunicación y el sentido de pertenencia siempre nos acompañan; todo lo que tenemos que hacer es volvernos hacia ellos.

¡Practica!

Seguidamente te proponemos un ejercicio para que lo intentes ahora con una persona con la que te relaciones.

1. *Quítate las lentes del prejuicio*: lo creas o no, solemos juzgar a las personas tan pronto como las vemos. Tal vez sea el color de su piel, su origen étnico, algún recuerdo que tengas de ella o quizá su expresión facial. Intenta durante unos instantes hacer a un lado ese tipo de juicios y percibirla con una mirada nueva.

2. *Repara en esa persona*: es alguien que también tiene una historia de aventuras, sentido del fracaso, amores, temores, remordimientos, triunfos, traumas, familia y amistades.

3. *Pregúntate qué es lo que quiere o añora profundamente*: la respuesta reside, probablemente, dentro de ti y tiene que ver con recibir un trato amable y experimentar un sentido de pertenencia.

4. *Proporciónale algún gesto que satisfaga esa necesidad*: sonríele, pregúntale si puedes ayudarle, escucha lo que tiene que decir. Si se trata de un amigo o un familiar, exprésale tu cariño, etcétera. Hay muchos modos de hacer eso.

El hecho es que, cuando nos sentimos entendidos y atendidos, emerge un sentido de aceptación y pertenencia que derriba las barreras y consigue simplemente que la relación mejore. Pero, como cualquier otra cosa, es algo que requiere práctica.

Así como una piedra lanzada al agua genera una serie de ondas, un momento de conexión consciente también crea, allí donde estés, ondas de pertenencia.

8. El regalo de la imperfección

Puede que hayas leído una pequeña y maravillosa historia titulada *Corduroy*, un osito de unos grandes almacenes al que le faltaba un botón en su traje. Corduroy tenía una imperfección y, cuando una niña se acercó a él y pidió a su madre que se lo comprara, esta le respondió: «Hoy no, querida, ya hemos gastado mucho y, además, le falta un botón». Cuando se marcharon, Corduroy se sintió contrariado por tener ese defecto y recorrió la tienda, pasando algunas aventuras, en busca de su botón. Aunque no consiguió encontrarlo, la niña volvió al día siguiente, compró a Corduroy –con su defecto– y le dio su amistad y un hogar.

Este cuento, leído por millones de niños (y padres) es muy famoso. ¿Por qué motivo? Porque aborda un tópico con el que todos podemos sentirnos identificados: la idea de que, a pesar de nuestras posibles imperfecciones, todos somos merecedores de amor. Todos nos sentimos vulnerables y hemos perdido un botón en algún sitio. Tal vez seamos calvos o tengamos sobrepeso, arrugas o una marca de nacimiento en alguna parte. Quizá nos sintamos inadecuados porque luchamos contra la ansiedad, la depresión, las obsesiones o las conductas adictivas. Pero, en el fondo, todo lo que queremos es sentirnos acogidos; queremos un hogar y tener amigos.

> *Estar en armonía con todas las cosas significa carecer de ansiedad acerca de nuestras imperfecciones.*
>
> Dogen Zengi, maestro zen japonés

Noticia importante: el ser humano es un ser imperfecto y también podríamos decir que todos somos perfectamente imperfectos. Abandonar la ansiedad acerca de nuestras imperfecciones no significa que nos sintamos complacidos con aquellas que pueden dañar nuestra salud física y mental y que tenemos que esforzarnos en cambiar. Simplemente supone que debemos entender que todos somos imperfectos y empezar a practicar la bondad –en vez del miedo o el odio– hacia nuestras imperfecciones. ¿Cómo serían los días, semanas y meses venideros si nos mostrásemos más bondadosos con nuestras imperfecciones?

¡Practica!

De acuerdo, vayamos a la práctica. ¿Cómo llevar a cabo este trabajo en nuestra vida cotidiana? Plantéalo en tres pasos:

1. *Reconoce la imperfección*: el primer paso consiste en aceptar el hecho de que eres tan imperfecto como el resto de las personas.
2. *Advierte los prejuicios*: los pensamientos negativos pueden irrumpir en cualquier momento como, por ejemplo: «Sí, pero tengo más imperfecciones que la mayoría de la gente» o «No estoy haciendo bien estas prácticas; no puedo hacerlo». Si esto sucede, reconócelo como una pauta habitual de pensamiento automático (porque eso es lo que es), déjalo estar y aborda el tercer paso.
3. *Reeduca con amabilidad*: aplica la amabilidad a este momento. Presta atención

al sentimiento que estás experimentando. Es probable que se trate de una sensación física conectada a una emoción, posiblemente una emoción de vergüenza, disgusto, temor, tristeza o enojo. Coloca tu mano en la zona en la que experimentes esa sensación e imagina que es un niño. Quizá puedes imaginar incluso que tú eres un niño o una niña pequeña. Ahora dile a esa parte de ti mismo: «Me importa tu dolor y te amo tal como eres» (o bien utiliza las palabras que consideres más oportunas). Puedes hacerlo durante treinta segundos o treinta minutos, lo que te parezca más oportuno en ese momento.

Cada momento es una oportunidad para perfeccionar el mindfulness y la compasión hacia uno mismo. Incluso ahora, mientras lees estas páginas, tu mente puede albergar dudas o juicios tales como «Esto no me sirve» o «Nunca podré conseguirlo». Todos nosotros tenemos pensamientos automáticos negativos que, en muchos casos, nos acompañan desde hace bastante tiempo. La buena noticia es que su presencia nos brinda la oportunidad de liberarnos de ellos, lo que nos devuelve el control y nos permite experimentar –en lugar de juzgar de manera superficial– que podemos tomar decisiones.

9. Practica con otras personas

Desde el alba de la especie humana, la vida en sociedad ha revestido un alto valor. Todas las tradiciones de sabiduría del mundo afirman que constituye uno de los pilares de una existencia positiva. La gente de la que nos rodeamos tiene un impacto en el modo en que vivimos. Si pasamos la mayor parte del tiempo con personas que están en desacuerdo con nuestros valores, a la postre nos resultarán agotadoras. En cambio, si convivimos con gente que coincide con nuestros valores, nos servirán de apoyo y sustento. Encontrar a personas con las que puedas practicar MBSR te ayudará a integrar esta práctica en tu vida y en la vida de los demás.

Los sociólogos Nicholas Christakis y James Fowler llevaron a cabo un estudio (2007) que evidencia el impacto que tienen en nosotros nuestras redes sociales. Para ello, examinaron las relaciones de 12.067 personas que en conjunto mantenían más de 50.000 conexiones. Y no solo descubrieron que la gente que posee los mismos intereses tiende a agruparse, sino que también constataron algo más interesante acerca de nuestros hábitos como, por ejemplo, que la obesidad es, entre amigos, «contagiosa» hasta tres grados de influencia. En otro estudio (Fowler y Christakis, 2010), pusieron de relieve que la soledad, e incluso la felicidad, también son contagiosas hasta tres grados de influencia.

Si ha quedado demostrado que muchas emociones y hábitos conductuales son contagiosos hasta tres grados de influencia, podemos deducir –aunque no se haya efectuado todavía ningún estudio al respecto– que el mindfulness también puede transmitirse en la misma medida. Entender el impacto de nuestras conexiones sociales y ser más selectivos acerca de con quién pasamos nuestro tiempo puede suponer una gran diferencia a la hora de integrar el mindfulness en nuestra vida.

¡Practica!

Todo ello no quiere decir que debas rechazar a los amigos que no practican mindfulness porque ellos también pueden aportar a tu vida su propio alimento. Lo que decimos, no obstante, es que debes descubrir a las personas que, tanto dentro como fuera de tu círculo, están comprometidas con una vida atenta.

He aquí cinco maneras para empezar a conectarte desde ahora mismo:

- *Empieza con tu círculo*: puedes extenderlo a tus amigos, familia o colegas que puedan estar interesados.
- *Amplíalo a una comunidad mayor de MBSR*: cuando escribimos *Mindfulness para reducir el estrés: una guía práctica*, iniciamos una comunidad *online* para que sus miembros compartiesen experiencias. Puedes visitarla en http://www.MBSRworkbook.com. Hay mucha gente, en todo el mundo, que practica mindfulness; un buen centro de comunidades MBSR es el Center for Mindfulness (CFM, http://www.umassmed.edu/cfm), en donde es posible encontrar una comunidad local de MBSR.

- *Busca grupos locales*: otro recurso maravilloso para encontrar a personas de tu zona que estén practicando es http://www.meetup.com.
- *Participa en un curso* online: si la opción local no resulta posible, encontrarás cursos *online* de MBSR en http://www.emindful.com.
- *Acude a un retiro*: también puedes visitar un centro de retiros como, por ejemplo, la Insight Meditation Society en la Costa Este o Spirit Rock en la Costa Oeste.

Por fortuna, en la actualidad, el mindfulness es más conocido que nunca, lo cual significa que un creciente número de personas están abiertas a hacerse más presentes en sus vidas. Dedica ahora un tiempo, o fija una fecha posterior, a explorar una o más de estas opciones o empezar a construir tú mismo una pequeña comunidad.

Parte II:

Respira

10. Simplemente respira

El rabino y activista por la paz Abraham Joshua Heschel dijo en cierta ocasión: «La vida es rutinaria, y la rutina es resistencia al asombro». Nuestro cerebro es tan poderoso que puede hacer que los segundos se conviertan en minutos, que a su vez pueden convertirse en horas, días, semanas, meses y años. Un día, sin embargo, nos despertamos preguntándonos: «¿Cómo he llegado hasta aquí?». Por fortuna, disponemos de un recurso que nos acompaña todo el tiempo y que nos invita a detenernos y simplemente «ser» con la vida, en lugar de quedarnos atrapados en la trampa del «hacer» excesivo.

Es nuestra respiración.

Cuando empezamos a ser más conscientes de este proceso fundamental que nos mantiene vivos, advertimos la tendencia de nuestra mente a saltar de continuo de un lado a otro. También nos damos cuenta de que una práctica tan simple –aunque no siempre fácil– como la atención a la respiración puede devolvernos rápidamente al momento presente y todas las riquezas que este atesora.

A lo largo de la segunda parte, te guiaremos paso a paso para que llegues a entablar amistad con tu respiración como una fuente de mindfulness en tu vida cotidiana. Aprenderás el modo de prepararte para la práctica, qué postura resulta más conveniente para ti, cómo trabajar con tu «mente de mono» e incluso cómo superar uno de los principales obstáculos, que es no tener suficiente tiempo para practicar.

Cuando aprendemos a confiar en nuestra respiración, empezamos a experimentar algo que ya proclama abiertamente la ciencia, es decir, de qué modo una práctica tan simple como esta puede actuar de antídoto contra el estrés, la ansiedad y la inquietud y cómo puede enseñarnos muchas cosas acerca de la naturaleza de nuestra mente, conduciéndonos a estados de relajación e introspección profunda. Aprender a intimar con nuestra respiración amplía el espacio existente entre estímulo y respuesta, lo que nos permite romper nuestra rutina, abrirnos a la libertad y prestar atención a las maravillas que nos rodean.

¡Practica!

Sin importar si es esta la primera vez que intentas prestar atención de este modo a la respiración o si tienes una dilatada experiencia en la práctica del mindfulness, dedica ahora unos momentos a aplicar la mente de principiante a tu respiración. ¿En qué zona la percibes con más fuerza? ¿En la punta de la nariz, el interior de las fosas nasales, el labio superior, el pecho, el abdomen o cualquier otra zona, o bien la sientes en todo el cuerpo? ¿En este momento te parece superficial, profunda o un grado intermedio? ¿Adviertes alguna diferencia de temperatura entre la inspiración y la espiración?

En las páginas siguientes, te prepararemos para la meditación en la respiración, pero, por ahora, queremos empezar de un modo más informal este proceso de amistad. Proponte, durante el día de hoy, ser más consciente de la respiración en determinados momentos. ¿Cómo percibes tu respiración mientras estás de pie en una cola, en un atasco de tráfico, en el trabajo, hablando con tu pareja o un amigo e incluso cuando estás a punto de dormirte? ¿Qué sucede cuando la investigas con una

atención curiosa? ¿Es agradable, desagradable o neutra?

Permite, de vez en cuando, que la vida sea
así de sencilla.

11. Prepárate para la práctica

Existen muchas maneras en las que la gente puede enseñar el mindfulness, pero hay en el modo en que nosotros la entendemos unas cuantas cosas que pueden ayudarte a profundizarla y fortalecerla desde el principio.

Asume una actitud de aprendizaje

Antes incluso de intentar llevar a cabo cualquier práctica, es importante recordar que esta no depende de tu desempeño y que no necesitas valorar cada práctica en el sentido de si ha sido una «buena» o «mala» meditación. Esta actitud, basada en el rendimiento, obvia por completo cuál es el punto esencial. Si la práctica tiene algún objetivo, este consiste tan solo en aprender y abrirse a lo que está directamente aquí.

Pon tu corazón en ello

El mindfulness parece ser más eficaz cuando pones tu corazón en la práctica. La consciencia asume entonces una cualidad de curiosidad relajada y delicada. Es como si nos inclinásemos respetuosamente ante la vida que estamos viviendo, con independencia de que la atención esté depositada en la respiración, el cuerpo o cualquier percepción sensorial.

Cuando aparece el dolor, hay consciencia del dolor y la atención asume entonces la cualidad de querer ser de algún modo comprensiva, una cualidad de cuidado y compasión por uno mismo.

Dicho con otras palabras, efectúas esta práctica porque estás, en última instancia, cuidando de ti mismo y, posiblemente, porque sabes que llevarla a cabo también será un regalo para quienes te rodean.

Perdónate

Como nos ocurre a todos, también tú vas a ser en esto completamente imperfecto. Si pasa el tiempo y te olvidas de practicar, recurre al ejercicio llamado «perdona e invita». Perdónate por el tiempo transcurrido, investiga que te ha desviado de tu camino y, después, en ese espacio de consciencia, invítate a empezar de nuevo.

El mindfulness es una práctica muy tolerante. Siempre puedes empezar de nuevo a estar presente en tu vida. Solo se necesita un momento. En el instante en que te das cuenta de que no estás presente, ya vuelves a estarlo. ¡Está tan cerca!

Date las gracias

Quizá la parte más importante de esta práctica consiste en darte las gracias a ti mismo cada vez que la llevas a cabo. Cuando termina la práctica, te agradeces el haber sacado tiempo de tus ocupaciones cotidianas para dedicarlo a tu propio aprendizaje, salud y bienestar.

Eso deja en tu memoria la impresión de que te concedes la importancia que mereces como para prestarte atención. Esa energía de interés y compasión por ti mismo es curativa. Así pues, ¿cómo serían los días, meses y semanas venideros si hubiese más energía de ese tipo circulando en tu mente y tu cuerpo?

¡Practica!

Mientras transcurre el día de hoy, trata de aplicar a las cosas que hagas alguno de los factores mencionados. Por ejemplo, ¿puedes, cuando estés escuchando a una persona a la que quieres, hacer a un lado todos tus juicios y adoptar una *actitud de aprendizaje*?

¿Qué te parecería *poner tu corazón* en ello con una atención cuidadosa e incluso *perdonándote* a ti mismo cuando no has sido capaz de decir las palabras correctas o si tu atención se ha desviado? Por último, *date las gracias* por utilizar en tu vida, en este momento, ese tipo de intención.

Esto es algo que puedes aplicar a cualquiera de tus actividades.

12. Espacio, tiempo y postura

Cuando se trata de dedicar un periodo específico de tiempo y acometer una práctica formal como la meditación en la respiración, es importante sopesar dónde (espacio) vas a efectuar la práctica, cuánto (tiempo) vas a dedicarle y qué posición (postura) adoptarás para ello. Entender estos tres aspectos fundamentales te proporcionará una buena base para los capítulos que siguen.

Espacio

Puedes prestar atención a tu respiración mientras estás en cualquier lugar del mundo, desde las calles más transitadas de Nueva York hasta una cueva silenciosa en el Himalaya. Al principio, sin embargo, encontrar un espacio silencioso es de gran ayuda para la concentración. A la mayoría de las personas les resulta sumamente útil crear en casa un espacio que sea su lugar de meditación como, por ejemplo, el dormitorio, el despacho o la sala de estar; o bien, si el exterior es lo bastante tranquilo, es posible ubicarlo en el balcón, el porche e incluso cerca de un árbol. El punto más importante es encontrar un lugar donde nos sintamos cómodos para sentarnos cada día.

Tiempo

Si hay un obstáculo que interfiere en la práctica, este es la dificultad de encontrar tiempo para ella. Por esa razón resulta tan importante prever este particular desde el mismo principio. Prueba cuál es, para ti, el mejor periodo para sentarte a practicar. ¿Es durante la mañana, durante el periodo de la comida, cuando vuelves a casa después del trabajo o, tal vez, antes de acostarte? También puedes experimentar con la cantidad de tiempo que quieres practicar. Empieza con cinco, diez, quince o más minutos. A la postre, lo importante es que le dediques un mínimo de tiempo. Si solo tienes tiempo para sentarte en el borde de tu cama a efectuar unas cuantas respiraciones profundas y conscientes antes de dormir, eso será suficiente. Concédete algo de libertad para encontrar cuál es el periodo que mejor se adapta a tus circunstancias y entonces asume el compromiso de practicar a diario durante ese periodo. Señala en tu agenda como una prioridad esa cita contigo mismo para meditar.

Postura

La verdad es que, cuando se trata de practicar, no existe una postura que sea la «correcta». Por lo general, se recomienda sentarse en una posición cómoda sobre un cojín, una silla o una banqueta de meditación. Puedes adoptar, en suma, cualquier postura que te mantenga despierto y te resulte confortable.

Cojín

Puedes adquirir un cojín de meditación o bien doblar una almohada y sentarte en el borde. Sentarse con las piernas cruzadas o con una pierna plegada delante de la otra son posturas tradicionales. Asimismo puedes adoptar la postura del loto completo (con ambos pies reposando sobre los muslos) o del medio loto (con un pie descansando sobre uno de los muslos). Es aconsejable que la espalda esté lo más recta que te sea posible –aunque no de manera demasiado rígida–, asegurándote de que las piernas están más bajas que las caderas. No obstante, si eres incapaz de situar las piernas de ese modo y quieres, a pesar de ello, sentarte en un cojín, coloca como punto de apoyo un par de mantas o almohadones bajo las rodillas. De ese modo, la espalda no tendrá que sostenerlas mientras estás sentado.

Banqueta
Otra opción consiste en utilizar una banqueta de meditación, la cual dispone de un espacio para sentarse y un hueco para poner las piernas debajo. La banqueta le resulta cómoda a mucha gente porque les permite alinearse en una postura que facilita que la espalda se mantenga recta.

Silla
Si escoges una silla, el hecho de tener las plantas de los pies apoyadas en el suelo te ayudará a mantener una postura alerta y permitirá que la respiración fluya con libertad.

Pero, a fin de cuentas, se trata solamente de sugerencias, entre las cuales tienes que descubrir la que te resulta más cómoda y eficaz mientras experimentas con las prácticas MBSR que te proponemos a continuación.

¡Practica!

Una cosa que nos ha resultado muy valiosa a la hora de encontrar espacio y tiempo es practicar con otra persona. Aunque practicar con un compañero no es imprescindible, realmente contribuye a motivarte y también te ayuda a sentirte más conectado con personas que comparten tus mismos intereses. Trata de pensar en alguien que conozcas que pudiera estar deseando emprender este viaje contigo. Practicar con alguien no solo puede ser de ayuda para ti, sino que también puede ser el regalo que la otra persona estaba buscando.

13. El ancla de la respiración

Adiestrar la mente para que sea más consciente de la respiración te ayuda a permanecer firme en los momentos de estrés y también mejora, tanto en casa como en el trabajo, tu enfoque y tu concentración. No se trata de respirar de un modo especial. La única instrucción a este respecto consiste en respirar de modo normal y natural. Cuando tomas aire, sé consciente de la inspiración y, cuando el aire sale del cuerpo, sé consciente de la espiración. Es así de simple.

Pero no te confundas porque eso no significa que sea fácil. La actividad cerebral nunca cesa y habrá muchas distracciones que te sentirás tentado a seguir. También puedes experimentar sentimientos de aburrimiento, inquietud o frustración que surgen y te arrastran o quizá sea algún sonido el que atraiga tu atención.

Cuando eres consciente de alguna de estas

«distracciones», ya estás prestando atención y puedes, en ese momento, escoger volver una y otra vez. Siempre que adviertas y reconozcas que te has despistado y decidas retornar deliberadamente al momento presente, estarás cultivando poco a poco una de las actitudes centrales del MBSR (REBAP), es decir, una sensación de confianza en ti mismo y de conocimiento, que es muy poderosa.

Lo que estás aprendiendo es que, si bien puedes distraerte de vez en cuando, siempre tienes la posibilidad de renovar la intención de permanecer presente en aquello que importa. Este tipo de adiestramiento contribuye a alentar la concentración, incrementando tu capacidad de mantener la atención en la respiración. De igual modo que puedes acudir a un gimnasio a levantar pesas –y, gracias a la repetición, aumentar la masa muscular–, el trabajo y la repetición también fortalecen tu mente, facilitando que puedas volver una y otra vez a la respiración. Eso aportará, gradualmente, más calma y estabilidad a la mente y el cuerpo y creará las condiciones favorables para que emerja un conocimiento más profundo.

¡Practica!

Ahora siéntate en una posición confortable (ver el capítulo 12), lee las siguientes instrucciones y, a continuación, ponlas en práctica. Puedes utilizar un despertador y programarlo para un periodo de cinco a diez minutos, o bien utilizar las meditaciones contenidas en los audios que acompañan a este libro, disponibles en http://www.newharbinger.com/31731.

1. *Empieza con un chequeo atento*: suele ser útil, al emprender cualquier práctica formal, preguntarse lo siguiente: «¿Desde dónde estoy empezando en este momento?». Sé consciente del modo en que te sientes (físicamente). ¿Percibes alguna tensión o tirantez que puedas aliviar? Sé consciente también de si estás abordando la práctica desde la dimensión emocional. ¿Te sientes estresado, ansioso, inquieto, calmado o, tal vez, en un estado neutro? ¿Tu mente parece ocupada desde el principio, o bien adviertes que comienza a asentarse?

2. *Indaga en tu respiración*: cuando te sumerjas en la práctica, investiga en dónde

adviertes de un modo más claro la respiración. ¿Es en la punta de la nariz, en las fosas nasales o en el ascenso y descenso del pecho o el abdomen? También cabe la posibilidad de que percibas la respiración en todo tu cuerpo. Allí donde aprecies que es más patente, ese es el punto en el que debes focalizar tu atención para llevar a cabo la práctica.

3. *Respira*: lleva tu atención a la zona en que percibas con más claridad la respiración y, al inspirar, simplemente sé consciente de que estás inspirando. Cuando lo hagas, toma la resolución de hacer lo mismo con la espiración y, al expulsar el aire, sé consciente simplemente de que estás espirando.

4. *Tráela de vuelta*: cuando la mente se distraiga con algún pensamiento, emoción o sonido, advierte que estás presente y felicítate por ello, observa a dónde ha ido tu mente y devuélvela con amabilidad de nuevo a la respiración. La cuestión no es cuánto tiempo puedes permanecer en la respiración, sino que se trata tan solo de traerla de nuevo –una y otra vez– entrenando el cerebro en esa tarea y

aprendiendo cada vez más acerca de ti mismo y el funcionamiento de tu cuerpo y mente.

5. *Repite el paso 4 todas las veces que haga falta.*

14. Haz las paces con tu mente

Hace algunos años, los psicólogos de Harvard Matthew Killingsworth y Dan Gilbert crearon una aplicación para el iPhone llamada «Rastrea tu felicidad», que mide con cuánta frecuencia nuestra mente se aparta de aquello que nos resulta más importante y el efecto que eso tiene en nuestra felicidad. A lo largo de la jornada, la aplicación avisaba a los participantes para descubrir si estaban, en realidad, prestando atención a aquello a lo que se habían propuesto atender, cuál era el grado de felicidad que experimentaban y otras cuestiones. Y lo que descubrieron es que el 46,9% del tiempo nuestra mente está distraída y que eso se relaciona con el hecho de no sentirse feliz (Killingsworth y Gilbert, 2010).

Durante la práctica de la respiración como ancla (capítulo 13), puedes haber advertido la facilidad con la que se distrae tu mente. De hecho, esa es una de las principales cosas que, cuando emprenden esta práctica, perciben los participantes en el MBSR. La buena noticia es que, en esta práctica, una mente errante terminará siendo una mente infeliz *solo* si consideras que la distracción es algo negativo. No olvides que el objetivo no es focalizarse en la respiración durante periodos prolongados, sino aprender en qué consiste asentar la atención en la respiración. Cuando la mente está muy distraída, aprendes lo que es una mente ocupada. Si hay un asunto específico que te distrae con frecuencia, aprendes hasta qué punto esa cuestión ocupa tus pensamientos. Si permanece mucho tiempo en tu mente, aprendes que requiere más atención y puedes tomar la decisión de centrarte luego en ella.

La mente de todo el mundo se distrae, incluso la de las personas que llevan meditando 50 años. Es parte de lo que hace la mente. De hecho, podríamos objetar que, cuanto más se distrae la mente, más oportunidades tienes de entrenarla a percibir «puntos de elección» para traerla amablemente de vuelta. Lo que practicas y repites se convierte en un hábito y, de ese modo, lo que haces, en este caso, es fortalecer el hábito de elegir.

Nuestro consejo es que no trates de conseguir que tu mente divague menos, porque eso te ahorrará mucho sufrimiento futuro. El mindfulness nos ayuda a aprender a danzar con la mente y a adquirir mayor confianza en ella. Si bien Killingsworth y Gilbert descubrieron que «una mente distraída es una mente infeliz», en nuestra opinión esa afirmación no es del todo cierta, sino que dependerá en buena medida de cómo nos relacionemos con la distracción. Esa es la diferencia. Si te relacionas con ella a través de la actitud y la práctica del mindfulness, no serás infeliz en absoluto, sino que estarás ejercitándote en hacer las paces con tu mente.

¡Practica!

Establece el propósito durante los próximos días de darte cuenta del momento en que tu mente se distrae de aquello a lo que querías prestar atención. Quizá albergases la intención de responder a un gran número de correos electrónicos durante el trabajo, pero te descubres sumido en ensoñaciones o perdido en las páginas de las redes sociales. Puede que estés hablando con un amigo, tu pareja o tu hijo y, en lugar de escuchar, percibas que tu mente está imaginando el contraargumento que vas a esgrimir a continuación. Siempre que adviertas que tu mente se distrae, recuerda que distraerse no es «malo», sino un momento de consciencia, un punto de elección que te permite reconocer a dónde ha ido tu mente para traerla amablemente de vuelta.

Con la práctica, cada vez te resultará más fácil hacer las paces con tu mente.

15. Descubre la gratitud

Si estás respirando, eso significa que estás vivo y que tu cuerpo está funcionando. Los pulmones trabajan como deben y aportan oxígeno al cuerpo, lo cual te proporciona energía, contribuye a una mejor digestión, elimina toxinas, alimenta a los músculos y mantiene el latido de tu corazón. Cada respiración es, cuando la concibes de este modo, un regalo y la consciencia de la respiración puede hacer que aflore su naturaleza curativa.

¿De qué modo la gratitud es curativa? Robert Emmons y Michael McCullough (2003) llevaron a cabo un estudio titulado «Counting Blessings versus Burdens», en el que dividieron a un grupo de personas en tres subgrupos diferentes. Uno de los grupos tenía que contar cinco bendiciones al día; el otro debía contar cinco preocupaciones durante el mismo periodo, mientras el tercero tan solo debía escribir acerca de eventos neutrales. Como el lector tal vez haya intuido, aquellos que se dedicaron a contar bendiciones experimentaron menos estrés y más sentimientos asociados al bienestar.

En cada clase de MBSR que impartimos, emerge sin excepción en todos los grupos la experiencia de la gratitud. Eso se debe sencillamente a que hemos llegado, por fin, a nuestro hogar en nosotros mismos. Incluso una simple práctica de respiración nos permite reconocer los dones de la vida que pueden liberarnos de quedarnos bloqueados siempre en la misma rutina. Cuando aprendemos a hacer una pausa para prestar atención a la vida, nuestros ojos comienzan a abrirse a las maravillas que suelen rodearnos.

¡Practica!

El místico, filósofo y teólogo Meister Eckhart dijo en cierta ocasión: «Aunque decir gracias fuese la única plegaria que hicieses en tu vida, bastaría con eso». Con independencia de cuál haya sido en el pasado tu experiencia con la gratitud, trata ahora de aproximarte a ella con una mente de principiante, como si fuese la primera vez.

Además de volver a los sentidos (capítulo 2), te sugerimos a continuación cuatro modos de descubrir la gratitud en este mismo momento.

1. *Agradece periódicamente tu práctica respiratoria*. Mientras practicas el ancla de la respiración, intenta ser consciente de que la toma de oxígeno te permite estar vivo. Cada respiración es una fuente de nutrientes que mantiene el funcionamiento del cuerpo.

2. *Lleva un diario de agradecimientos*: es posible que hayas escuchado antes este consejo, pero pregúntate cuándo ha sido la última vez que lo has intentado. Ese es, precisamente, el modo en que los participantes en el estudio «Blessings versus Burdens» evidenciaron una mejoría en su bienestar. Puedes comprar un diario para dedicarlo a esto, o bien utilizar, para ayudarte a mantener esta lista, alguna de las muchas aplicaciones existentes en la actualidad. Trata de revisarla con una periodicidad semanal incluyendo en ella todo lo posible.

3. *Recuerda los momentos que no han sido tan buenos*: tal vez esto parezca un poco

deprimente, pero ayuda a poner de relieve que quizá no hayamos disfrutado en el pasado de lo mismo que tenemos ahora. Establecer este punto de contraste puede disponer un escenario que nos inspire mayor gratitud.

4. *Conecta con personas a las que te sientas agradecido*: ¿a quiénes estás agradecido en tu vida? ¿Qué tienen esas personas que te inspire gratitud? ¿Has recibido algo de ellas? ¿Te inspiran o te apoyan física o emocionalmente? Establece la intención de conectar más con ellas y tenlo bien presente cuando estén contigo. Los otros son, a fin de cuentas, las mejores fuentes de gratitud.

Considera que la lectura de este capítulo sirve para sembrar en tu interior una semilla de gratitud. Riégala con regularidad y tu jardín florecerá.

16. Confía en tu experiencia

¿Temes, en este momento, que de pronto se detenga tu respiración? Por fortuna, es nuestro sistema autónomo el que se ocupa de esta función vital y, por eso, podemos confiar en que la inspiración y la espiración seguirán produciéndose. Si hubiésemos tenido que llevar las riendas de la respiración, es muy probable que nuestra especie no hubiese sobrevivido. La confianza es una maravillosa actitud a cultivar porque nos ayuda a sentirnos seguros y protegidos, lo cual constituye, en última instancia, el fundamento de la felicidad.

La confianza empieza en nosotros.

Cuando nos sumergimos en la práctica de la respiración atenta, estamos cultivando, en esencia, la intimidad con nosotros mismos. Sentimos que volvemos al hogar y que podemos abrirnos a una consciencia más amplia de la confianza, es decir, confiamos en que nuestro corazón seguirá latiendo, en que nuestros pulmones procesarán oxígeno y, tal vez, en que nuestros ojos seguirán viendo y nuestros oídos escuchando. También confiamos en el cambio de las estaciones.

Pero, cuando se trata de confiar en nosotros mismos, el cerebro necesita recuerdos de experiencias en las que la respiración nos ayudó a abrirnos a algo bello o a depender solo de nosotros mismos para afrontar alguna situación difícil. Cuanto más practiquemos intencionalmente y repitamos la práctica de utilizar en nuestra vida cotidiana el ancla de la respiración, más recuerdos almacenaremos que puedan ser recuperados en el futuro. Es así como utilizamos la mente para crear un cerebro más confiado.

Sin embargo, como todo lo demás, es algo que requiere intención, atención y práctica.

Por desgracia, a muchos de nosotros nos parece que sentarse con uno mismo durante cinco, diez o quince minutos (o más) a prestar atención a la respiración es un acto de vulnerabilidad. El hecho es que, a lo largo de la jornada, la mayoría tratamos de evitar la soledad manteniéndonos ocupados con diferentes actividades u ocupados con nuestra mente. Pero, cuando prestamos atención a la respiración, fortalecemos la confianza en que somos capaces de estar realmente con nosotros mismos o con cualquier cosa que se presente. La práctica y la repetición consiguen modificar el cerebro y que emerja, a partir del desarrollo neuronal, un nuevo pensamiento que diga: «Puedo manejar esto; voy a estar bien».

En realidad, todos participamos activamente en nuestra salud y bienestar y podemos influir en cómo modelamos nuestro cerebro para generar más confianza en nosotros mismos.

Para ello, tenemos que empezar ahora mismo y, cada vez que nos desviemos del sendero, siempre podemos empezar de nuevo.

¡Practica!

Aprender a confiar en nosotros mismos es esencial para nuestra felicidad. Además de insistir en la respiración consciente, existen varios modos de empezar a promover en tu vida cotidiana el fortalecimiento de la autoconfianza. Uno de ellos consiste sencillamente en acostarte, bien en el sofá o en la cama, en cualquier posición que te resulte confortable y agradable. Ponte tan cómodo como puedas y, después, hazte la siguiente pregunta: «¿Cómo sé que estoy cómodo?». Por más obvia que te parezca esta pregunta, la respuesta que des reforzará la idea de que puedes confiar en tu propia experiencia.

Luego trata de llevar al mundo exterior esta idea y, si en algún momento te sientes incómodo, física o emocionalmente, formúlate la misma pregunta: «¿Cómo sé que esto me resulta cómodo o incómodo?». Cuando lo hagas, estarás creando recuerdos en los que tu experiencia se corresponde con lo que está sucediendo, lo cual contribuye a fortalecer la confianza en ti mismo.

Si permaneces con ese sentimiento, lo que descubrirás a la postre es que la comodidad y la incomodidad no siempre permanecen iguales. No podemos aferrarnos a una determinada experiencia porque la naturaleza de las cosas es cambiante. Esa es la ley natural. Advierte la libertad que emerge cuando empiezas a confiar en la transitoriedad de la vida.

Parte III:

Afina el corazón

17. Practica la «bondad plena»

En muchos idiomas asiáticos, las palabras referidas a «mente» y «corazón» son idénticas. Cuando escuchamos el término «mindfulness», es importante entender que la atención cálida, bondadosa y amable es algo incluido en dicho término. Prestamos atención de ese modo porque cuidamos profundamente tanto de nosotros mismos como de la gente que nos rodea e incluso, en algunos casos, del mundo. Por tanto, la cualidad de la cordialidad es intrínseca a este trabajo. No tenemos que buscarla en ningún otro sitio, porque ya se encuentra aquí.

Si has asistido en alguna ocasión a una clase de MBSR, sabrás que, en ella, el acto de bondad hacia los demás y hacia nosotros mismos está implícito todo el tiempo. Está implícito en los momentos en que la gente reconoce que lucha contra algo y, en lugar de seguir luchando, lo deja ser. Está implícito cuando los participantes descubren que la autocrítica es muy activa y la revisten con la cualidad de la amabilidad. Está implícito en el hecho de empezar a darse cuenta de que, detrás de todos nuestros placeres y sufrimientos, hay una humanidad común. En una de nuestras clases, un estudiante afirmó: «Es como si la atención plena (mindfulness) debiera llamarse "bondad plena" (kindfulness) porque es un modo bondadoso de vivir». A partir de ese momento, la expresión «bondad plena» no ha dejado de acompañarnos. Cuando cultivamos intencionalmente estados amorosos de consciencia, descubrimos de manera inevitable que son muchas más las cosas que nos unen que las que nos separan, y nos sentimos más conectados.

Conforme vayas profundizando en tu experiencia de la presencia atenta, podrás perfeccionar la cualidad de la apertura del corazón y, gracias a ella, profundizar el matiz esencial de amor integrado en una vida atenta. Después de todo, la ciencia demuestra que la bondad con quienes se hallan en necesidad puede brindar una protección contra el estrés (Poulin *et al.*, 2013), y que la bondad con uno mismo incrementa el bienestar (Neff y Germer, 2013). Una actitud bondadosa es inherente a una vida plena de sentido y también se ha constatado que va asociada a una reducción de la inflamación celular, la cual está en la raíz de la enfermedad (Fredrickson *et al.*, 2013).

El Dalai Lama afirma: «Mi religión es la bondad». Así pues, ¿cómo serían los días, semanas y meses futuros si todos tratásemos de ser un poco más bondadosos?

¡Practica!

Podemos hacer pequeñas cosas para afinar nuestro corazón. Piensa ahora mismo en alguien al que te resulte fácil amar (puede tratarse de una persona o de un animal). Imagina a esa persona en los momentos más felices de su vida. Reflexiona en qué es lo que más amas de ella. Considera también qué es lo que deseas para ella. Tal vez sea felicidad, salud o que se sienta profundamente amada. Observa una imagen de ella o visualízala en tu mente mientras le dices: «Puedas ser feliz, tener salud y sentirte profundamente amada». O bien, si te sientes muy atrevido, envíale un mensaje de texto, un correo o llámala por teléfono –o visítala en persona– y comunícaselo directamente.

Dedica todo el tiempo que puedas a la práctica intencional de afinar tu corazón.

18. Ámate a ti mismo

Cuando Julia llegó a nuestra clase, llevaba el estrés marcado en su rostro. Trabajaba 50 horas semanales en una compañía de seguros e intentaba hacer todo lo posible para mantener la buena salud de su matrimonio y educar a sus tres hijos, de forma que estaba sumida en una espiral constante de obligaciones, pero aún así tenía frecuentes pensamientos intrusivos de que «no era lo bastante buena». Y, cuando se la instruyó a contemplar su experiencia con una atención bondadosa, brotó una voz estridente en su interior que decía: «¡No!».

La ausencia de bondad con uno mismo puede ser la gran epidemia, aún no identificada, de nuestra época. Vivimos en una sociedad que considera que la bondad hacia uno mismo es autoindulgente o una forma de narcisismo. La realidad, sin embargo, es que constituye uno de los modos más inteligentes de propiciar un estado de salud mental (y de salud global para el mundo). Reflexiona en lo que sucedería si estuvieses herido al lado de un camino, ¿qué necesitarías en ese caso? Lo primero que necesitarías es reconocer la herida y después examinarla. Entonces te ocuparías de ella limpiándola cuidadosamente, aplicando un agente curativo y vendándola luego para protegerla. ¿Por qué entonces debería nuestra vida emocional ser diferente?

Si, durante el resto de tu vida, te vieses confinado a una isla y tuvieses que escoger a una persona que te acompañase, ¿no elegirías a alguien que supieses que es bondadoso? No obstante, si bien algunos individuos evidencian más disposición que otros hacia la bondad, se trata de una habilidad que todos podemos desarrollar (Neff, 2011). En la medida en que trabamos amistad con nuestra propia alma, estamos alimentando la cualidad de la bondad hacia nosotros mismos. Cada vez que reforzamos la cualidad íntima de la «bondad plena», estamos sembrando las semillas del amor por nosotros mismos, que es el mayor agente sanador conocido.

En cuanto a Julia, con un poco de paciencia y persistencia, la bondad consigo misma empezó finalmente a arraigar en ella y, hacia la conclusión del programa, dijo con lágrimas en los ojos: «Finalmente he escuchado esa pequeña voz interior decirme "Te amo", y la he creído».

¡Practica!

El hecho es que eres dueño de tus acciones y participante activo en tu propia salud y bienestar. ¿Por qué entonces no dar el salto de amarte a ti mismo, aunque solo sea para conseguir, por ahora, ser un 10% más bondadoso? La vida siempre nos obsequia con agentes estresantes, molestias y desafíos incómodos. Dedica unos momentos a reflexionar en una reciente experiencia difícil. ¿Qué era lo que más necesitabas en esa ocasión? ¿Acaso más fuerza, mayor seguridad o más paz? ¿Qué adviertes cuando empiezas a proyectar internamente las siguientes intenciones: «Pueda ser fuerte, sentirme seguro, estar en paz»? ¿Percibes acaso algún tipo de aversión similar a la que experimentaba Julia al principio de la clase o, quizá, esas palabras te resultan tranquilizadoras?

Sigue con la práctica de ser tu mejor amigo.

¿Adviertes algún riesgo en ella? ¿Te permite reducir la acumulación de frustraciones y resentimientos y desarrollar, en su lugar, más tranquilidad, seguridad y libertad? En vez de efectuar, con una débil intención, actos ocasionales de bondad, podemos llevar a cabo actos radicales de bondad.

19. Ábrete a la alegría

Abrirnos a la alegría por los demás y por nosotros mismos resulta esencial para nuestro equilibrio cerebral. Sin embargo, para bien o para mal, estamos dotados de un cerebro predispuesto de manera intrínseca a fijarse más en los estímulos negativos que en los positivos (Ito *et al.*, 1998). Si estuvieses caminando por el campo y vieses un león a un lado y una cascada majestuosa al otro, ¿a qué le prestarías atención? No importa lo majestuosa que pueda ser la catarata porque estamos programados para sobrevivir y transmitir nuestros genes a la siguiente generación. Eso significa que nuestros pensamientos negativos son más adherentes que los positivos.

Pero hay incluso peores noticias. La mayoría de nosotros también estamos programados para desconfiar de la alegría. El cerebro cree que, cuando nos sentimos demasiado felices o alegres, tenemos más posibilidades de descuidarnos ante potenciales amenazas. Asimismo, hemos crecido en una sociedad que considera que disfrutar de nuestros logros y alegrarnos por ello parece narcisista o indulgente y, en consecuencia, podemos vernos impelidos a tratar de renunciar a las experiencias placenteras. Brené Brown (2012) ha llamado a ese tipo de experiencia «alegría premonitoria». Pero el mindfulness puede ayudar a que el cerebro evolucione para sentirse menos estresado y más abierto a la alegría inherente tanto a las vidas ajenas como a la nuestra propia. Este acto de «bondad plena» despierta al corazón.

¡Practica!

La siguiente es una práctica relacionada con la intención de estimular la consciencia de la alegría y, tal vez, de los obstáculos que se interponen en su camino.

Disfruta de tu alegría

Observa, mientras experimentas con las siguientes frases, lo que emerge en tu interior.

- «Pueda disfrutar de los logros en mi vida.»
- «Pueda abrirme a la alegría que hay en mí y ser feliz.»
- «Inspirando me abro a la alegría, espirando sonrío.»

Si adviertes la presencia de pensamientos de que esto es estúpido o autoindulgente, insiste en ello de cualquier modo y permite que sea tu experiencia la que te guíe y no tus prejuicios.

Disfruta de la alegría de otra persona

Piensa en alguien en tu vida que realmente te importe. Visualiza a esa persona, o animal, y repite a continuación lo siguiente:

- «Pueda abrirme a la alegría que hay en ti.»
- «Pueda regocijarme de tu éxito y ser feliz por ello.»
- «Que la felicidad y la buena fortuna nunca te abandonen.»

Recuerda que el único objetivo en este caso es inclinar tu mente hacia tu corazón. Toma nota.

mientras lo haces, de todo lo que emerja física, emocional y mentalmente.

Alégrate de la alegría de todos

Por último, ábrete a todas las personas (y, si eres capaz de ello, escucha que también te lo dicen a ti):

- «Pueda todo el mundo disfrutar del éxito en todo aquello que se proponga.»
- «Que podamos vernos libres de los celos y la envidia.»
- «Pueda todo el mundo tener buena fortuna y compartirla con los demás.»

Sé consciente de que, en la medida en que tu vida va desarrollándose, no hay nadie que merezca más bondad ni alegría que tú. La prevención de tu cerebro hacia la alegría no es responsabilidad tuya, sino que sencillamente así son las cosas. Por eso tu intención es muy importante a la hora de perfeccionar un corazón atento.

Trata de sembrar las semillas de la intención para poder llegar a ser más consciente de la alegría. Cuando esté presente, pregúntate: «¿Puedo sentir, en este momento, alegría por mi alegría?». Y observa lo que sucede.

20. Sonríe (es bueno para ti)

Las poderosas lecciones que nos enseña el MBSR son, paradójicamente, demasiado importantes para que nos las tomemos en serio y, por eso, debemos asegurarnos de que este tipo de experiencias se vean equilibradas con algo de humor y soltura. El Dalai Lama suele referirse al poder que tienen el humor y la sonrisa no solo para afinar nuestro propio corazón, sino también para tender puentes entre diferentes personas e incluso entre enemigos. La ciencia ha demostrado que la sonrisa –en especial el tipo de sonrisa que implica a los músculos que rodean a los ojos– produce un tipo específico de activación cerebral que está conectado con los estados de ánimo más felices y bondadosos (Ekman, Davidson y Friesen, 1990). La investigación más reciente evidencia que este tipo de sonrisa, conocida como la «sonrisa de Duchenne», enlentece el ritmo cardiaco y facilita la recuperación después de una actividad estresante (Kraft y Pressman, 2012).

A veces, cuando estamos practicando el mindfulness, parece como si un corazón sonriente fuese la cualidad de atención requerida. Ese es el tipo de sonrisa que podemos mostrar ante la fragilidad y vulnerabilidad de un recién nacido. Pero, aunque queramos dirigir a nuestro interior este tipo de atención cálida y amable, no siempre resulta fácil. Por eso, al principio, debemos practicarla con más frecuencia hacia el exterior y, con el tiempo, conseguiremos sintonizar más fácilmente en nuestro interior la cualidad de la «bondad plena».

Se sigue de ello que la práctica en nuestra vida cotidiana de la atención, la sonrisa y el humor puede acarrear un beneficio aun mayor que tratar de perfeccionar aisladamente nuestro corazón. ¡La risa y la sonrisa son contagiosas! Si dudas de ello, ve a YouTube y mira «Laughter Attack at a Bus Stand» (hay muchos vídeos sobre ataques de risa). El monje budista y activista vietnamita Thich Nhat Hanh afirma: «A veces la alegría es la fuente de tu sonrisa, pero otras es tu sonrisa la que se convierte en la fuente de tu alegría».

Haz a un lado, provisionalmente, tus prejuicios al respecto y pregúntate cómo sería tu vida si hubiese en ella más risas y sonrisas? ¿Sería el mundo, en ese caso, un lugar más feliz e incluso más bondadoso?

¡Practica!

Se necesitan 17 músculos para sonreír y 43 para fruncir el ceño. Para crear una arruga permanente en el entrecejo se requiere fruncir el ceño unas 200.000 veces. Así pues, sonreír nos ayuda a tener mejor aspecto y a parecer más jóvenes. Experimenta hoy con el hecho de sonreír más deliberadamente. Inténtalo con el dependiente del supermercado, con tus vecinos, con tus amigos o con las personas que te cruzas por la calle. Siéntete libre para sonreír en público: se trata de un acto altruista. Si necesitas un poco de ayuda, busca en YouTube el vídeo titulado «Benefits of Laughter Yoga with John Cleese», reprodúcelo y observa lo que sucede.

¿Por qué no empezar, desde ahora mismo, a aplicar la atención plena a tu sonrisa?

21. Sé generoso

Henry David Thoreau dijo: «La bondad es la única inversión que nunca falla».

Hilde Back, hija de unos supervivientes del Holocausto, sentía la necesidad imperiosa de ser generosa y de ayudar a las personas que sufrían. Decidió contactar, a través de una organización benéfica dedicada a la educación, con un joven estudiante keniata, llamado Chris Mburu, apadrinándolo y enviándole mensualmente una pequeña cantidad de dinero para que pudiese proseguir sus estudios.

Este acto de generosidad cambió para siempre la vida de Chris. A Chris le gustaba estudiar y llegó a graduarse en la facultad de derecho de Harvard, lo que le permitió convertirse en abogado de derechos humanos en las Naciones Unidas. Después creó el Hilde Back Education Fund para ofrecer a los niños keniatas del medio rural una vida con mayores oportunidades.

La generosidad de Hilde causó un efecto onda en muchas más vidas de las que ella había imaginado.

La generosidad es una cualidad fundamental en el MBSR, así como la paciencia, el dejar ser y la gratitud. Podemos utilizar la intención de dar como un modo de perfeccionar el corazón y también como un ejercicio que nos incline hacia la práctica de la generosidad. Quizá el mejor lugar para empezar sea uno mismo. Solemos sentirnos culpables a la hora de aceptar la bondad, creyendo que, de algún modo, no la merecemos. Pero la práctica de la generosidad con uno mismo nos ayuda a sentirnos lo «bastante buenos» como para aceptar nuestra propia generosidad sin sentirnos culpables por ello. Haz a un lado todos tus prejuicios y percibe simplemente en qué consiste recibir. Si adviertes que aparece el prejuicio de que es autoindulgente, investígalo. ¿Por qué amarse a uno mismo tiene que ser indulgente? ¿Amarte a ti mismo puede beneficiar a otras personas? ¿Cuáles serían esos beneficios?

Tras colocarte tu respirador metafórico, considera de qué modo puedes nutrir tu corazón mostrándote generoso con los demás. Parece ser que, como la risa y la sonrisa, la generosidad es un acto contagioso. Dar es causa de que otros también den. Los sociólogos James Fowler y Nicholas Christakis (2010) han demostrado que inclinar nuestro corazón hacia los demás es contagioso. Recordemos una noticia de prensa sobre una persona que, en un establecimiento de atención al cliente desde su automóvil, pagó el café de quien le seguía en la cola y cómo este cliente pagó, a su vez, el café de quien aguardaba detrás de él. Esta conducta generosa se mantuvo durante horas. Asimismo, Fowler y Christakis han constatado que, cuando la gente que nos rodea es feliz, también nosotros somos más felices.

¡Practica!

Considera ahora lo siguiente: ¿cómo puedes alimentar la actitud esencial de la generosidad?

- ¿Cuáles son algunos posibles modos de mostrarte generoso contigo mismo? Quizá el mero hecho de buscar tiempo para dedicarlo a este libro, en aras de tu propio aprendizaje, salud y bienestar, sea un acto de generosidad.

- En lo que concierne a los demás, ¿podrías llevar contigo algo de dinero suelto para dar a la gente que lo necesita? Si no quieres darles dinero, ¿podrías comprarles algo de comida?
- ¿Puedes sonreír con más frecuencia a la gente con la que interactúas cada día?
- ¿Y qué tal escuchar de manera más intencional y profunda a otra persona, es decir, escucharla con tu mente y tu corazón?

El mejor modo de espolear tu mente hacia la generosidad es preguntarte con frecuencia: «¿Cómo puedo dar?».

No forjes ningún plan, ¡tan solo hazlo!

22. No te olvides de perdonar

El perdón es otra actitud esencial en el mindfulness, que nos permite cultivar una mayor comprensión, tranquilidad y libertad, una actitud que, según ha quedado demostrado, reduce el estrés, el enfado y la depresión y sustenta muchos aspectos del bienestar y la felicidad. Intenta ahora un pequeño experimento. Piensa en alguien que te haya herido de algún modo en tu vida (quizá no una herida profunda) y hacia el que albergues un cierto resentimiento. Visualiza a esa persona y contempla tu falta de disposición a perdonarla. A continuación, observa simplemente cualquier emoción –enfado, resentimiento, miedo, tristeza, etcétera– que te suscite. Percibe el modo en que sientes tu cuerpo. ¿Lo sientes pesado o notas tensión en alguna zona? Sé consciente también de tus pensamientos: ¿son pensamientos de odio y rencor?

Haz una pausa antes de seguir leyendo y tan solo lleva a cabo el experimento propuesto.

A la mayoría de las personas con las que llevamos a cabo el experimento les resulta insoportable, ya que les suscita sentimientos de tensión y enojo y pensamientos de mala voluntad hacia la otra persona. Sin embargo, el experimento no persigue conjurar de repente ese tipo de sentimientos, sino tan solo arrojar algo de luz sobre lo que ya nos está afectando internamente. Existe el error común de que perdonar significa excusar el acto de la otra persona. Perdonar significa, sencillamente, liberarse del ciclo de dolor que reside en nuestro interior.

Se requiere honestidad y valor para decir: «Me siento ofendido, pero me voy a liberar de ello para no seguir arrastrándolo como una carga». Ya has sido herido una vez, entonces, ¿por qué seguir permitiendo que te atormente aferrándote a ello en la creencia errónea de que, al actuar así, estás de algún modo castigando a la otra persona? Cuando alimentamos el resentimiento, nuestra mente construye una «historia de agravios» y, en la medida en que la alimentamos y nos aferramos a ella, estamos sembrando las semillas de nuestro propio sufrimiento.

Pero la práctica del perdón nos enseña a desprendernos de esa historia en aras de llegar a amarnos a nosotros mismos.

¡Practica!

Vamos a proporcionarte ahora un modo de reducir el poder del rencor y perfeccionar un corazón atento. Mientras cumplimentas los siguientes pasos, recuerda que tu intención no es la de aliviar a la otra parte implicada, sino promover la paz dentro de ti.

1. *Exprésalo*: piensa ahora en alguien que te suscite resentimiento y expresa por qué esa persona no se ha comportado contigo de la manera correcta.
2. *Crea perspectiva*: reconoce que tu malestar principal no procede de lo que te ofendió o dañó hace un par de minutos o hace diez años, sino de tus sentimientos y pensamientos heridos y de la alteración física que experimentas en este momento.
3. *Haz una elección*: decide si estás preparado para desprenderte de esa carga.

4. *Observa quién está sufriendo*: en lugar de reproducir mentalmente la antigua herida, observa si te resulta posible reconocer que eres tú el que está sufriendo ahora y plantéate la siguiente pregunta: «¿Qué es lo que realmente necesito? ¿Sentirme seguro, entendido, amado, libre?». Si es posible, contacta con la persona en cuestión para reparar la falta; si eso no es factible, busca modos alternativos de conseguir lo que quieres.

5. *Practica la bondad plena*: en lugar de focalizarte en tus sentimientos heridos y, mediante ello, dar poder sobre ti a la persona causante de tu dolor, aprende a descubrir el amor, la belleza y la bondad que hay a tu alrededor. El perdón está relacionado con el poder personal.

Corrige tu historia de agravios, recordándote a ti mismo que perdonar es una decisión valiente.

23. Sé amable

Mahatma Gandhi dijo: «La amabilidad puede hacer temblar al mundo». El hilo que enhebra todas las prácticas MBSR (REBAP) es la actitud de la amabilidad. De hecho, otra de las posibles definiciones del mindfulness es la de «prestar atención intencionalmente de un modo *amable*, al tiempo que hacemos a un lado nuestros prejuicios programados». La práctica de ser amables con nosotros mismos es un modo de ablandar el corazón. Aunque llevemos a cabo una sencilla práctica respiratoria, siempre recibiremos una instrucción similar: «Cuando percibas que tu mente se ha distraído, limítate a tomar nota de qué estás pensando y devuelve *amablemente* tu consciencia a la respiración». Lo que pretendemos con esta amabilidad intencional es proporcionar a nuestro cerebro la experiencia de ser amables conscientemente muchas veces, para que así haya más probabilidades de que ocurra de manera natural en nuestra vida cotidiana.

Por lo general, cuando las personas ingresan en un programa MBSR, tienen la tendencia a mostrarse autocríticas o, si están experimentando una emoción incómoda, a sentirse propensas a suprimir dicha emoción. Así pues, hay una tendencia a la *desatención*. En cambio, practicar la amabilidad y hacer las cosas con cuidado supone en nuestra vida un giro de 180 grados. Cuando sostenemos a un recién nacido, llevamos una taza de té caliente o trasplantamos una planta a una nueva maceta, somos cuidadosos. Si pensamos al respecto, veremos que solemos ser amables con las cosas que nos parecen preciosas y delicadas. La vida misma es preciosa y delicada.

Paradójicamente, sin embargo, con frecuencia son las experiencias desagradables las que nos brindan más oportunidades de practicar la energía esencial de la amabilidad. La energía del mindfulness es como una madre o una hermana mayor sosteniendo a un bebé en brazos, cuyo cuidado provoca un sentimiento de ternura. El mindfulness, por su parte, sostiene atentamente los sentimientos incómodos, como si fuesen un bebé. Mientras llevaba a cabo la práctica de la respiración, una participante en una de nuestras clases comentó que, durante la meditación, experimentaba una gran agitación. Entonces le preguntamos: «¿Has notado en qué parte del cuerpo la percibes?». Y, tras reflexionar un poco, respondió: «Sí, siento rigidez en los hombros». Luego añadió que la rigidez era persistente y que le resultaba incómoda. La clase hizo una pausa cuando le preguntamos: «¿Puedes contemplar con delicadeza y amabilidad, durante unos instantes, esa agitación como si fuese un niño?». Ella entonces dedicó un tiempo a permitir que la experiencia se asentase y, después de un rato, respiró profundamente y afirmó que la rigidez se había suavizado.

Ser amable es muy poderoso.

¡Practica!

Podemos ser cada vez más amables con nosotros mismos sencillamente practicando en nuestra vida cotidiana. Trata de dedicar parte de la jornada a recorrer con cuidado tu lugar de trabajo o quítate los zapatos y camina del mismo modo sobre la tierra. ¿Cómo te sentirías si fueses más delicado cuando cocinas una comida o incluso cuando la comes? ¿Eres capaz de ver que hay un niño en tu interior y que, en los próximos días, cuando emerja una emoción desagradable, tienes la posibilidad de investigar si, en lugar de juzgarte a ti mismo, lo que necesitas es más amabilidad? Cuando practiques la amabilidad, observa si a lo largo de la jornada esa actitud surge en ti de manera natural, como un momento de gracia.

Ojalá te muevas con delicadeza durante los próximos días.

24. Abre tu corazón a los demás

Aunque nos miramos cada día en el espejo, no vemos realmente a la persona que está ahí. Lo más probable es que nos fijemos tan solo en si nuestro rostro o nuestro cuerpo parecen presentables. Y, cada día, hacemos lo mismo –en nuestra casa, en la oficina o en la calle– con otras personas. Nuestro cerebro fragmenta a la gente en objetos, los categoriza y no logra apreciar, de hecho, a la persona que tenemos delante. Después de todo, hay cosas más urgentes a las que prestar atención a cada instante como, por ejemplo, el siguiente mensaje que llega a nuestro teléfono. La realidad, sin embargo, es que, con independencia de que seamos nosotros los que nos contemplemos ante el espejo o veamos a un ser querido o a un extraño, nunca percibimos a la persona real. A pesar de ello, cada momento nos brinda la oportunidad de ver que el ser humano que tenemos ante nosotros es único.

¿Qué ocurriría si, con el fin de contemplar la belleza y el misterio que reside en cada ser humano, te propusieses dedicar unos momentos de atención a ti mismo y a la gente más cercana? Todas las personas que ves en un momento dado poseen dones y fortalezas de las que quizá ni siquiera sean conscientes. Tras los ojos de cada individuo reside una profunda fuente de valor, inteligencia, paciencia, generosidad e incluso sabiduría. Cada persona es, probablemente, mucho más poderosa incluso de lo que imagina. Dedica unos momentos a mirar a los ojos de otro hombre; una vez fue niño y ese niño sigue en su interior. Imagina que la mujer que tienes ante ti es tu propia hija, contempla la belleza que reside en ella y considera de qué modo querrías que mostrase al mundo esa belleza. ¿Qué desearías entonces para ellos? Puede que tu corazón diga que quieres que sean felices, estén sanos o sean libres.

El mindfulness facilita la experiencia de conexión con los demás y con nosotros mismos. Esa experiencia te conduce de vuelta al hogar.

¡Practica!

Intenta, durante el día de hoy, esta práctica tanto con los demás como contigo mismo. Observa si puedes acceder a la experiencia de la bondad plena.

Parte IV:

Medita

25. Empieza con tu cuerpo

En las tres primeras partes de este libro, has aprendido diferentes modos informales de aplicar el MBSR a tu vida, todo lo cual te ha ido preparando para la práctica de la meditación mindfulness. La práctica formal del MBSR consiste en fijar deliberadamente un periodo para llevar a cabo la meditación mindfulness. Por eso, en la cuarta parte, explicaremos las meditaciones fundamentales de la atención plena que conforman el MBSR, el modo de afrontar los desafíos inevitables que se presentan cuando llevamos a cabo este tipo de meditación y la actitud mental necesaria para hacer que tu práctica empiece a cobrar vida. En el MBSR, la primera práctica formal empieza con el cuerpo.

Desde el momento de la concepción, se despliegan las instrucciones genéticas imprescindibles para dar forma al cuerpo que utilizas para sostener este libro y leer sus palabras y para agrupar los diferentes elementos –oxígeno, carbono, hidrógeno, nitrógeno, calcio y fósforo– que constituyen sus 37 billones de células. Si alineásemos todas esas células, darían más de dos veces la vuelta a la Tierra. Dichas células desempeñan funciones diversas que nos mantienen sanos y operativos. Algunas aportan oxígeno a las zonas del cuerpo que así lo requieren; otras están programadas para defendernos contra los virus y bacterias intrusivas. Asimismo, hay células que transmiten información desde los ojos al cerebro. Todas las células de nuestro cuerpo trabajan sin descanso para nosotros, pero ¿cuántas veces hacemos una pausa para sintonizar con la maravilla de nuestro cuerpo?

Cuando nos duele una muela, sabemos que no tener un dolor de muelas es algo maravilloso. Pero, cuando no padecemos dolor de muelas, no nos sentimos felices. No tener dolor de muelas es muy placentero. Pero, si bien hay muchas cosas que son agradables, si no practicamos la atención plena, no llegamos a apreciarlas.

THICH NHAT HANH

Cuando nuestro cuerpo funciona correctamente, no lo advertimos. El mindfulness nos brinda un modo de practicar la conexión con el cuerpo para utilizarlo como un barómetro de cómo nos sentimos. Más aún, cuando aplicamos el mindfulness a nuestro cuerpo, nos revela inevitablemente los secretos de una vida más calmada, satisfactoria y plena de confianza.

¡Practica!

Para llevar a cabo la meditación del escáner corporal, debes encontrar un espacio en el suelo en el que puedas acostarte de manera confortable. Si estás especialmente cansado o padeces un dolor crónico y el suelo te resulta incómodo, es adecuado sentarte en una silla o colocarte en alguna postura que te resulte más cómoda. Puedes practicar durante cinco, diez, quince o treinta minutos (o más). Trata de practicar diariamente durante una semana por lo menos. Quizá te sirva de ayuda, antes de acometer el escáner corporal, la lectura del capítulo 11 de este libro, titulado «Prepárate para la práctica». (También puedes descargar un audio en http://www.newharbinger.com/31731.)

Los pasos del escáner corporal son bastante sencillos.

1. *Chequeo atento*: en primer lugar efectúa una breve comprobación, sintiendo desde qué dimensión –física, emocional o mental– vas a empezar en este momento.
2. *El ancla de la respiración*: ahora trata de ser consciente de tu cuerpo respirando de manera natural. Observa si puedes reposar tu atención en este ritmo natural de la vida. Si te sirve de ayuda, repite mentalmente «dentro» al inspirar y «fuera» al espirar.
3. *Desde los dedos de los pies a la cabeza*: aborda esta práctica con una mente de principiante y presta atención a todo lo que sientas física, emocional y mentalmente. Empieza con los pies y advierte las sensaciones que se producen en la totalidad de ambos pies (dedos, plantas, empeines e incluso las articulaciones de los tobillos). Todo lo que percibas en cada zona, siéntelo como una onda que resuena allí donde se necesita. Mientras recorres cada parte del cuerpo, también puedes considerar, para inspirarte una

consciencia de agradecimiento, de qué modo cada una de ellas te permite desarrollar un tipo de función en el mundo. En el torso, por ejemplo, tenemos el corazón, el estómago y los pulmones, que posibilitan la circulación, la digestión y la respiración. Sé también consciente de ello. Sigue haciendo esto en dirección ascendente, a lo largo del cuerpo, hasta que llegues a la coronilla.

4. *Respira*: una vez que hayas recorrido todo el cuerpo, deposita de nuevo tu atención en la respiración. Advierte cómo con cada inhalación el cuerpo se expande ligeramente y se contrae luego con cada exhalación. Siente la totalidad del cuerpo.

5. *Date las gracias*: por último, agradécete la elección que has efectuado al utilizar esta práctica en aras de tu propia salud y bienestar. Es todo un acto de cuidado de uno mismo.

26. Conoce los cinco obstáculos

Cuando yo (Elisha) empecé a practicar la meditación mindfulness, me di cuenta de que tenía una gran resistencia a practicar. Me asaltaba la inquietud cuando trataba de permanecer inmóvil, me sentía irritado cuando no podía concentrarme, inseguro de si lo que estaba haciendo me resultaba beneficioso, a veces casi me quedaba dormido y, con frecuencia, quería simplemente hacer otra cosa que no fuese meditar. Aunque entonces no lo sabía, estaba experimentando algunos de los principales obstáculos a la práctica acerca de los cuales se habla desde hace milenios. Entender estos obstáculos y aprender a investigarlos sigue ayudándome a trabajar con ellos en mi práctica y también (tal vez de un modo paradójico) despierta en mí mayor claridad y equilibrio no solo durante la práctica, sino también en la vida en general. Cuando leas acerca de las cinco interferencias siguientes, observa cuáles de ellas reconoces tanto en tu práctica meditativa como en tu vida cotidiana.

1. *Deseo*: es difícil que la mente se sienta satisfecha en algún momento porque siempre está anhelando algo. Antes de empezar a practicar, tu mente puede desear que las condiciones sean diferentes de lo que son. En ocasiones, lo quieres de tal manera que nunca consigues emprender la práctica. También puede ocurrir que, cuando por fin la acometes, la mente se distrae fantaseando acerca de comer tu comida favorita. Ese estado mental puede generar inquietud y distraernos y alejarnos de la práctica.

2. *Irritación y aversión*: si no percibes que estás teniendo una «buena» experiencia meditativa –o bien hay en la habitación algún ruido molesto– es fácil sentirse irritado. La irritación que dejamos sin investigar también puede llevarnos a querer abandonar.

3. *Somnolencia*: muchos de nosotros estamos cansados porque no dormimos adecuadamente, de manera que, cuando

disminuye la actividad mental, es fácil sentirse un poco somnoliento. Entonces nuestro cuerpo hace lo que naturalmente quiere hacer, es decir, descansar. También podemos sentirnos somnolientos cuando una experiencia nos resulta abrumadora, así que es positivo investigar si el cansancio nos está diciendo que necesitamos más descanso o que debemos expresar algún sentimiento.

4. *Inquietud*: quizá percibas, cuando empieces a practicar, que te resulta difícil permanecer quieto durante un determinado periodo y que tu mente sigue muy ocupada. Estamos entrenados desde muy temprana edad a hacer, hacer y hacer cada vez más. Por eso, la mente puede rebelarse un poco cuando estamos aprendiendo a «ser». Puedes percibirla entonces repasando innumerables listas de tareas pendientes o tratando de contar los minutos que faltan para concluir la sesión. Eso es algo completamente natural.

5. *Duda*: al principio, la incerteza acerca de si la práctica «funciona» realmente suele acosar a muchas personas, las cuales piensan: «Aunque esto les funcione a

otros, a mí no me sirve». La duda llega a convertirse en un gran problema cuando secuestra nuestra iniciativa y nuestra capacidad para permitir que la experiencia se convierta en nuestra guía.

¡Practica!

El hecho es que, si eres capaz de reconocerlo, puedes afrontarlo y, si puedes afrontarlo, tienes la capacidad de trabajar con ello. Cuando lo hagas, surgirán los regalos. Por ahora, la instrucción es simple: elige el obstáculo que más se interponga en tu camino y trata, a lo largo de esta semana, de percatarte de él. Por ejemplo, si experimentas inquietud, intenta percibir cuándo aparece e investiga cómo se expresa en tu cuerpo. Haz lo mismo con el resto de los obstáculos y, cuando estés preparado, devuelve amablemente la atención a la práctica. Trata de advertir también, «fuera del cojín», cuándo surge en tu vida cotidiana alguno de estos obstáculos. Sé comprensivo contigo mismo y recuerda que, a pesar de que te desvíes de tu rumbo, siempre puedes retomarlo de nuevo.

27. Aplica los cinco antídotos

Por un lado, el mero hecho de ser consciente –nombrándolos e investigándolos– de estos cinco obstáculos a la práctica, ya es un ejercicio muy poderoso. Por el otro, el mindfulness nos brinda la consciencia y la capacidad de elección necesaria para emprender determinadas acciones que sirven de antídoto y nos brindan la oportunidad de seguir creciendo. Cuando prestamos atención, tenemos la capacidad de apartarnos de las viejas pautas reactivas, que se ven alimentadas por la inconsciencia, y escoger en su lugar respuestas más constructivas.

La indagación y la satisfacción son el antídoto para el deseo. Un anhelo intenso tiene, por lo general, una vida media de veinte minutos o menos. Si percibes que te distrae algún deseo, trata de reconocer cómo se sienten tu cuerpo y tu mente e investiga qué es eso que anhelas tan fervientemente, recordándote a ti mismo que también puedes sentirte satisfecho en el aquí y ahora. Presta atención a la emergencia de ese anhelo y luego obsérvalo desaparecer poco a poco, advirtiendo la satisfacción que acompaña a la liberación del deseo. La práctica de sentirnos en paz con las cosas tal como son puede infundir por sí misma cierta satisfacción.

La atención plena y la compasión por uno mismo son el antídoto para la irritación y la aversión: si bien nuestro impulso natural es el de resistirnos a cualquier irritación que aparezca, tenemos que recordar el adagio que dice «lo que resiste persiste». El trabajo, en este caso, consiste en hacer que la irritación pase a formar parte de nuestra experiencia consciente. ¿Qué ocurre cuando permitimos a la irritación simplemente ser? ¿Puedes aplicarte, en este caso, la compasión a ti mismo? Repite: «Pueda yo estar en paz», y observa qué sucede.

La concentración y la compasión por uno mismo constituyen el antídoto para la somnolencia: si, cuando estás meditando, te duermes de vez en cuando, considéralo una señal de que te hace falta un buen descanso. Si ocurre con cierta frecuencia, sin embargo, puedes tratar de sentarte en una postura más erguida, ponerte en pie, abrir ligeramente los ojos o quizá mojarte la cara antes de empezar. Puedes cambiar incluso a una meditación ambulante. Si estás decidido a investigar la somnolencia, abre los ojos y experimenta tal como son las sensaciones que acompañan al cansancio. ¿Dónde se localizan, de dónde vienen y a dónde van?

La atención plena es el antídoto para la inquietud: es importante reconocer que la inquietud y el aburrimiento tan solo son sensaciones como las demás. Intenta adoptar la mente de principiante e investiga la sensación de agitación. Cuando lo hagas, tal vez adviertas que parece tener vida propia, moviéndose y cambiando, emergiendo y desapareciendo. Una vez que reconozcas la inquietud, puedes devolver amablemente tu atención al punto focal. Observa si la inquietud puede transformarse en una enseñanza sobre la naturaleza del cambio.

La atención plena también es el antídoto para la duda: la duda es natural. Un modo de controlarla es investigarla activamente. ¿Acaso te impide de manera reactiva experimentar la práctica? Dilucida cuál es el valor que reviste para ti la práctica y haz una lista de sus beneficios. Tenemos que recordar que los pensamientos (incluidos aquellos que te dicen que lo son) no son hechos, sino tan solo pensamientos. Si adviertes que la duda se inmiscuye en tu práctica, simplemente debes tomar nota de ella y preguntarte: «¿Es esta duda absolutamente genuina?». Y después: «¿Qué cambiaría si la duda no hiciese acto de presencia?». A la postre, el objetivo de la meditación mindfulness es permitir que tu experiencia –y no los juicios reactivos- sea tu maestra y te inspire más claridad.

Aplicar los antídotos correspondientes a cada uno de estos obstáculos no solo profundiza nuestra sensación de libertad con respecto a la mente reactiva, sino que también nos proporciona la oportunidad de fortalecer los factores clave de nuestro bienestar. Empezamos a adiestrarnos en el mindfulness con flexibilidad, claridad mental y compasión, sintiéndonos cada vez más confiados en nuestra capacidad para efectuar elecciones inteligentes. Esta sensación interna de control genera confianza y alegría.

¡Practica!

Con independencia de los obstáculos que reconozcas en tu práctica, aplica el antídoto adecuado. Si la irritación es una experiencia frecuente, advierte lo que sucede cuando la percibes como una oportunidad para fortalecer el mindfulness. Aplica la mente de principiante a la sensación de irritación, sintiéndola emerger y desaparecer. También puedes reconocer la lucha inherente a ella y regar las semillas de un corazón bondadoso diciendo las palabras: «Pueda yo estar en paz». Escoge el obstáculo que parezca presentarse con más asiduidad y aplica, cada vez que aparezca, el antídoto más conveniente.

Cuando lo hagas, transformarás los obstáculos en oportunidades de aprendizaje y crecimiento.

28. Dales la bienvenida y recíbelos

En lo más profundo del cerebro humano se esconde una pequeña estructura denominada amígdala, con la forma y el tamaño de una almendra, cuya función consiste en asignar significados emocionales a los estímulos procedentes del mundo exterior. La amígdala clasifica estos estímulos como algo a lo que podemos acercarnos o bien debemos evitar. La respuesta de la amígdala nos aboca, entre otras emociones, a experiencias de ansiedad, alegría, tristeza, vergüenza u odio. Estas emociones son experimentadas en el cuerpo como un tipo determinado de energía, pudiendo ser agradables, desagradables o neutras. Pero, con independencia de cuál sea la emoción, siempre nos induce al «movimiento». En su maravilloso libro *The Essential Rumi,* Coleman Barks traduce un poema que nos muestra el tipo de

actitud que debemos albergar hacia nuestros
sentimientos.

> El ser humano es una casa de huéspedes
> a la que cada mañana llega alguien nuevo:
> una alegría, una tristeza, una mezquindad,
> una consciencia momentánea,
>   que se presentan
> como visitantes inesperados.
> ¡Dales la bienvenida y recíbelos a todos!
> Incluso si son un coro de penurias
> que barren violentamente tu casa
> y la despojan de todos sus muebles,
> trata a cada huésped con el respeto
>   que merece,
> porque podría estar despejando el espacio
> para nuevas delicias.
> Recibe sonriendo en la puerta
> al pensamiento oscuro, la vergüenza,
>   la malicia,
> e invítalos a entrar.
> Da las gracias a todo el que acuda
> porque cada uno ha sido enviado
> como un guía desde el más allá.

Las emociones que experimentamos influyen,
a cada momento, en la percepción que tene-

mos de la vida. Cuando nos sentimos de buen humor, contemplamos las situaciones de un determinado modo. En cambio, cuando estamos de mal humor, percibimos de manera completamente distinta las mismas situaciones. Con una mayor consciencia, sin embargo, somos capaces de advertir la acción de estos filtros emocionales sin vernos esclavizados por ellos.

Al aprender a sintonizar con nuestra vida emocional, podemos elegir aplicar la bondad a aquello que nos plantea dificultades, estimulando las fortalezas del amor y la compasión por nosotros mismos. En cambio, cuando advertimos la presencia de emociones positivas, podemos escoger saborearlas y permitirles quedarse hasta que inevitablemente desaparezcan. En última instancia, estamos remodelando nuestro cerebro con una sensación de confianza de que, sin importar lo que surja, lo gestionaremos con la seguridad de que todo va a salir bien.

¡Practica!

Es sorprendente lo que ocurre cuando empezamos a traer la consciencia emocional al primer plano de nuestra intención. El mero hecho de etiquetar las emociones difíciles puede hacernos sentir más equilibrados (Creswell *et al.*, 2007). Sin embargo, como señala Rumi, si realmente acogemos nuestras emociones, pueden convertirse en nuestros mejores maestros.

Cuando lleves a cabo la práctica de la respiración o del escáner corporal, surgirán emociones de manera natural. Observa lo que sucede al enfocarlas con curiosidad. ¿Cómo las experimentas en tu cuerpo? ¿Qué forma adopta su energía? ¿Te parece pesada o más ligera? Quizá incluso percibas en ellas determinados matices. Si te parece adecuado, repite: «De acuerdo, esta emoción ya está aquí; me permitiré sentirla». Cuando te detienes en ella, ¿sigue igual o bien se transforma, mostrándote su transitoriedad? ¿Puedes imaginarte sosteniendo la emoción con cuidado y, al mismo tiempo, sintiéndote sostenido?

Inténtalo también en tu vida cotidiana. En la medida en que te vayas familiarizando con tus emociones, no solo desarrollarás más inteligencia emocional, sino que volverás a tener el control. Es en ese espacio de elección donde residen el aprendizaje y la posibilidad.

29. Deja ser y suelta

En todos los cursos que hemos impartido, aparece una delgada línea entre la experiencia de «dejar ser» y «soltar». Una de las actitudes fundamentales en el MBSR es la de aprender a «dejar ser». Si bien cuando se presenta un sentimiento incómodo, nuestra reacción por defecto es tratar de «hacer» algo al respecto, la respuesta consciente consiste en aprender a «estar con» lo que se presente. Cuando permanecemos con nuestros pensamientos, emociones y sensaciones, empezamos a comprender su naturaleza transitoria y eso puede, a la postre, conducirnos a la experiencia de soltar. Sin embargo, a veces somos nosotros quienes llegamos a la conclusión de que ha llegado el momento de soltar activamente algo que está ahí, lo cual puede ser mucho más desafiante.

Es posible soltar una emoción de diferentes maneras. La más insana es tratar de deshacerse de ella a través de la culpa. La culpa es una reacción irreflexiva que el cerebro utiliza para intentar desvincularse de las emociones incómodas, trasladando la incomodidad a otra persona, o a nosotros mismos, para crear la motivación de cambiar. Pero, a la postre, resulta contraproducente.

Un modo más sano de soltar es tratar de sonreír a la incomodidad. Otra manera consiste en soltar mediante el llanto. Si se trata de odio, ve al exterior y emprende una caminata vigorosa. Pero, a fin de cuentas, el mejor modo de soltar un bloqueo emocional es el perdón. Para ello sirve de ayuda alcanzar la comprensión de que todos en el planeta –incluidos nosotros– somos seres humanos y que actuamos, con lo que tenemos, lo mejor que podemos.

Ojalá reconozcamos profundamente que todos somos seres humanos que podemos equivocarnos. Ojalá aprendamos a soltar nuestra autoculpabilización y falta de mérito y seamos capaces de perdonar tanto a los demás como a nosotros mismos.

¡Practica!

Dedica un periodo a considerar en dónde sueltas ya en tu vida cotidiana. Por ejemplo, cuando duermes cada noche, estás soltando. Siempre que envías un mensaje de texto, estás soltando y, después de un abrazo, también estás soltando. Asimismo, durante tu práctica formal de meditación, observa si puedes darte cuenta de cuándo te aferras a algo. Tal vez tengas dificultades para concentrarte y, en un momento de consciencia, decidas nombrar esa experiencia y dejarla ser. Al hacerlo, te liberas de tu aferramiento a ella, al tiempo que la estás soltando.

Recuerda que la repetición y la práctica deliberada es el modo en que podemos cambiar. Así pues, ¿cómo serían los días, semanas y meses futuros si repitieses y practicases intencionalmente el dejar ser y el soltar? Cuando aprendes a discernir cómo y cuándo soltar, empieza a crecer la sabiduría.

30. Gira hacia el lado en que patinas

Cuando yo (Bob) tenía dieciséis años, me saqué el carné de conducir. Fue una época de novedosa independencia y movilidad. El mundo se abría ante mí y quería explorarlo, pero vivía en Boston, era invierno y descubrí que conducir con nieve y hielo era todo un reto. Cuando el coche empezaba a patinar, trataba de alejar instintivamente la rueda del lado en que patinaba, para terminar descubriendo que el coche resbalaba aún más fuera de control.

Un día, hablando con mi padre, me dijo: «Bob, si quieres evitar el patinazo, debes girar el volante hacia el mismo lado en que patinas». Mientras el invierno seguía su curso en Nueva Inglaterra, empecé a girar en la dirección del patinazo y, quién lo iba a decir, mi coche se enderezaba. Comprendí entonces que el mismo principio se aplicaba al dolor y otros temores, es decir, a todo lo que me provocaba aversión. Se dice que, aunque huyas, no puedes esconderte. Comprendí también que todo aquello de lo pretendiese escapar me seguiría. De ese modo, cuando empecé a girar hacia mis miedos para reconocerlos, experimenté una sensación de creciente libertad. Entendí entonces que volverme hacia mis temores me permitía encontrar mi centro de equilibrio y una libertad más profunda.

Cuando uno convive con el dolor físico o emocional, la tendencia es alejarse de él. «¡Líbrame de esto!», gritamos. Esta es, por supuesto, una reacción normal porque rara vez queremos experimentar dolor. Sin embargo, ¿no has notado que este suele seguirte como tu sombra?

Aunque en ocasiones apartarnos o distraernos del dolor pueda ser útil, otras veces no sirve de ayuda. ¿No sería positivo entonces que aprendiésemos otras maneras de lidiar con él? ¿Qué ocurriría en el caso de que aplicases a tu dolor físico o emocional el principio de girar hacia el lado en que patinas? Aunque eso pueda parecerte ilógico, ¿tienes algo que perder?

¡Practica!

Haz una pausa para adoptar una postura en la que te sientas cómodo y alerta y lleva a cabo una comprobación atenta del modo en que se sienten tu cuerpo y tu mente. Si eres consciente de algún tipo de sensación desagradable, dedica un periodo a reconocerla.

Al girar hacia el patinazo de lo que se presente, por favor, utiliza tu sabio discernimiento para determinar hasta dónde quieres deslizarte en tu sensación desagradable. No hay necesidad de llegar a lo más alto de la escala de Richter del dolor. Escoge algo con lo que sientas que eres capaz de trabajar y gestionar.

Cuando te aproximes a esa sensación desagradable, puedes advertir la vieja tendencia a alejarte, insensibilizarte o escapar a otro lugar. En esta ocasión, sin embargo –y siempre que estés preparado para ello–, simplemente déjala ser. Siente y reconoce lo que estás experimentando física, emocional o mentalmente. Advierte lo que ocurre cuando permites y reconoces lo que está ahí. Vuelve luego, poco a poco, a tomar unas cuantas respiraciones conscientes y abre los ojos, sintiéndote presente y despierto.

Ahora dedica un tiempo a escribir acerca

de lo que ha emergido cuando empezaste a girar hacia el miedo o el dolor físico o emocional que experimentabas en tu mente y tu cuerpo.

31. Mindfulness en movimiento

Durante nuestra jornada, muchos de nosotros nos movemos a toda velocidad, algunas veces físicamente y casi siempre mentalmente. Con tanto que hacer y tantas cosas a las que prestar atención, nuestras neuronas se activan rápidamente. Sin embargo, nos esforzamos mucho en alcanzar algo que hemos olvidado que ya tenemos. A veces, si prestamos atención, advertiremos que, en nuestro camino al hogar, estamos «corriendo a casa para relajarnos». En ese momento de consciencia, nos instalamos en el presente y podemos elegir «ser» diferentes.

El yoga consciente y el paseo meditativo son componentes centrales de el MBSR. El objetivo de la práctica del movimiento consciente consiste en aprender que la atención plena no está circunscrita a nuestro cojín de meditación. Dado que el mindfulness es consciencia, podemos aplicarlo a cualquier situación, incluido el movimiento.

¡Practica!

Presentamos ahora las cuatro fases de una meditación en movimiento que puede ayudarte a entrenar tu cerebro en la atención plena a la simple actividad de caminar. Dedica cada día cinco, diez o quince minutos a esta práctica. Al igual que ocurre con los ejercicios de la respiración y el escáner corporal, aunque tu mente se distraiga, el hecho de percatarte de esa distracción es un momento feliz que te conduce a un punto de elección en el que simplemente escoges devolver con delicadeza tu mente a la práctica.

1. *Empieza con gratitud*: si eres lo bastante afortunado como para tener la capacidad de andar, recuerda que tardaste casi un año en aprender a hacerlo y que tus piernas son los héroes olvidados que, día tras día, te trasladan de un lugar a otro. Agradece a tus piernas el esfuerzo que llevan a cabo.

2. *Conecta con la tierra*: dirige tu atención a las sensaciones que se producen en tus pies y piernas cuando el talón toca el suelo, después la planta del pie y luego

los dedos, así como a las sensaciones que surgen cuando levantas el peso de tus pies. Puedes repetir «talón, planta, dedos, levantar». De ese modo, conectarás con la sensación de caminar en el momento presente.

3. *Vuelve a tus sentidos*: camina un poco más despacio y empieza a abrir la consciencia a cada uno de tus sentidos: visión, audición, sabor, tacto y olfato. Contempla lo que te rodea; escucha los sonidos; saborea el aire o lo que esté en tu boca; siente el calor o la frescura del día o percibe la brisa en tus mejillas y olfatea el aire. Luego detente unos momentos y observa si puedes captar al unísono todos tus sentidos.

4. *Termina con gratitud*: es esencial concluir con el reconocimiento de que, a pesar de que tu mente te dijese que debías, podrías o querrías estar haciendo otra cosa, elegiste llevar a cabo esta práctica en beneficio de tu propia salud y bienestar. Dedica unos momentos a experimentar gratitud hacia ti mismo y la decisión que has tomado.

Puedes llevar a cabo, en tu vida cotidiana, este ejercicio de manera más informal mientras te diriges al trabajo, en los pasillos de tu lugar de trabajo, realizando tareas diversas o caminando desde el coche a la puerta de tu casa cuando vuelves de trabajar. No olvides que se trata tan solo de una práctica. Así, siempre que te des cuenta de que estás apresurándote para llegar a casa y relajarte –o, de hecho, para llegar a cualquier otro lugar– repite simplemente, «prisa, prisa, prisa». Eso, por sí solo, bastará para ampliar el espacio existente entre el estímulo y la respuesta, el espacio en el que residen tanto la consciencia como la capacidad de elección.

Ahora estás presente en ese espacio y puedes llevar a cabo cualquier modalidad de paseo atento.

Sin embargo, no te limites a confiar en nuestra palabra al respecto y ¡pruébalo tú mismo!

32. Respiración, cuerpo y sonido

Un modo maravilloso de acceder al mindfulness es la dimensión del sonido. Los sonidos son vibraciones en la atmósfera que nuestro oído capta y transforma en algo que el cerebro puede evaluar. En nuestras clases MBSR, es habitual escuchar el sonido de la campana que señala el principio y el final de cada meditación. Cuando tañemos la campana, el metal vibra, creando una rápida oscilación externa e interna. En su movimiento externo, empuja las partículas del aire circundante, que colisionan con las partículas que las rodean, algo que recibe el nombre de «compresión». Y, en su movimiento interno, tira de esas mismas partículas produciendo, como en un efecto dominó, una caída y un descenso de la presión. Esta secuencia de compresión y descenso de la presión crea una onda fluctuante que se transmite a través del aire.

Nuestros oídos reciben y dirigen las ondas sonoras, sintiendo la fluctuación de la presión y convirtiéndola en una señal eléctrica que una zona del cerebro interpreta como sonido, mientras que otra área la interpreta como «campana». (Esta es una descripción muy básica y rudimentaria del modo en que se produce la audición, cuyos detalles específicos todavía son bastante misteriosos para la ciencia.)

El proceso de cómo tiene lugar la audición y de qué modo nuestro cerebro le da sentido no es sino uno de los grandes milagros de la vida. Haz una pausa y dedica, ahora mismo, unos momentos simplemente a escuchar. Con independencia de lo que oigas, siéntete fascinado por el mismo hecho de que cuentas con la capacidad de escucha. Cuando permitimos que nuestra mente se asiente en la audición, empezamos a percibir que los sonidos tienen la misma naturaleza que las sensaciones corporales y los pensamientos. El sonido aparece y desaparece y, cada vez que desaparece, no deja rastro, produciéndose un silencio hasta que surge un nuevo sonido.

Podemos enfocarnos en cualquier sonido. Incluso los sonidos más molestos, como el sonido estrepitoso de un claxon en el exterior, el

pitido de un despertador o los gritos de la gente
pueden ser percibidos de manera muy diferente cuando les aplicamos la atención plena. La
molestia de esos sonidos no procede de los
sonidos en sí, sino de nuestra interpretación de
que son «negativos». Pero, cuando prestamos al
sonido una atención plena, cambiamos nuestra relación desde la aversión a la curiosidad,
permitiendo que aparezcan y desaparezcan y
aminorando su impacto negativo.

¡Practica!

Hasta este punto, has experimentado el mindfulness con la respiración y el escáner corporal,
merecerá la pena ahora dedicar un tiempo a
sentarte o acostarte a escuchar simplemente
los sonidos que se producen dentro de tu casa,
en la ciudad o en el entorno contemplativo
de la naturaleza. En el MBSR, introducimos una
práctica de meditación formal, denominada de manera muy apropiada «respiración,
cuerpo, sonido», que combina el sonido con
las meditaciones previas de la respiración y el
cuerpo, que ya has experimentado anterior-
mente. La belleza de esta práctica reside en

que se basa en prácticas que ya has aprendido. Para ello, empiezas centrando la atención en la respiración, después la amplías al cuerpo para expandirla luego a la dimensión del sonido. Puedes utilizar también una aplicación como Insight Timer para establecer campanas intermitentes que te indiquen que ha llegado el momento de cambiar el foco de atención o sencillamente seguir el audio de la práctica guiada que encontramos en http://www.newharbinger.com/31731.

1. Para empezar dedica de uno a cinco minutos a la consciencia de la respiración.
2. Expande, durante cinco minutos, la consciencia de la respiración para incluir en ella las sensaciones corporales.
3. Amplía la consciencia para incluir la audición, abriéndote a los sonidos que emergen y desaparecen.

Como sucede con cualquier otra práctica, es natural que la mente se distraiga con diferentes pensamientos, pero, cuando eso ocurra, simplemente toma nota de ellos y dirígela de nuevo amablemente al punto de atención previsto.

33. No te estreses
con los pensamientos

Si ya has llevado a cabo la práctica de la respiración o del escáner corporal, habrás advertido, muy probablemente, que tu mente está
muy ocupada. En la primera parte, te hemos
indicado, para ayudarte a entender la naturaleza de los pensamientos, que les prestases
atención. Pero lo que suele ocurrir cuando
alguien acomete la práctica formal de la meditación es que se produce una lucha entre
permanecer centrado en el punto de atención
propuesto y la actividad mental incesante. Es
como si la mente tuviese voluntad propia y
pensase una cosa, temiese otra, evocase un
recuerdo o se sumiese en alguna ensoñación.
Y, aunque eso pueda parecernos una experiencia frustrante en nuestra práctica meditativa,
nos lo parece así porque solemos confundir la
concentración y la práctica del mindfulness.

Comprender la diferencia entre una y otra es muy importante y nos ahorrará bastante sufrimiento. El objetivo de la atención plena no es mantener un enfoque unidireccional en la respiración, el cuerpo o los sonidos, sino permanecer alerta. Cada vez que la mente se distrae con alguna historia y te das cuenta de ello, estás practicando mindfulness.

Así pues, no hay necesidad alguna de estresarse a causa de las distracciones mentales, ya que eso forma parte del proceso. De hecho, la mente errante sigue suministrando información acerca de lo que ocurre en ese manojo electroquímico y misterioso de neuronas, de aproximadamente 1.300 gramos de peso, que llamamos cerebro. Quizá adviertas que tu mente está ensayando un escenario futuro o trata de recomponer un acontecimiento pasado. Tal vez percibas algunas actitudes –como la catastrofización, la duda o la culpa– que hacen que tu cerebro caiga en determinadas trampas. Si hay algo que ocupa de manera constante tu mente, eso puede significar que debes dedicar deliberadamente más tiempo a prestar atención a esa cuestión.

Cuando profundizamos en la naturaleza de los pensamientos, a veces experimentamos que son como una película. Las películas están formadas por una serie de imágenes fijas que se suceden a gran velocidad creando una ilusión de movimiento. Durante una fracción de segundo, nuestros ojos retienen una imagen, pero la siguiente imagen llega tan rápidamente que no advertimos el espacio existente entre ellas. Sin embargo, cuando haces una pausa y prestas atención a los eventos mentales que ocurren en tu mente, adviertes que hay un cierto número de imágenes y de voces, con espacios entre ellas, que aparecen y desaparecen continuamente. Algunas nos parecen positivas, otras negativas y otras simplemente indiferentes.

Al relajar la ansiedad relativa a nuestros pensamientos y empezar a prestarles una atención más precisa, les quitamos poder y somos cada vez mejores a la hora de crear una mente flexible.

¡Practica!

Dedica un tiempo a familiarizarte con la naturaleza de los pensamientos. Un modo de advertir los eventos mentales que se forman y deshacen en tu mente consiste en cerrar los ojos e imaginar el puente Golden Gate o cualquier otro paisaje familiar. Visualízalo y trata de mantener la imagen. Observa entonces si permanece estable o empieza, poco a poco, a transformarse y cambiar. Lo que terminarás percibiendo es que los pensamientos son comparables al clima, que cambia de continuo sin permanecer nunca igual. Por más que lo intentes, no puedes aferrarte a los pensamientos.

34. Libérate de la crítica

En la medida en que proseguimos el sendero de la práctica formal de la meditación mindfulness, se torna patente que la necesidad de juzgar y criticar que tiene nuestra mente es algo inherente a la constitución del ser humano. Aunque algunos tenemos más disposición natural para ello que otros, la triste realidad es que la mayoría nos criticamos más a nosotros mismos que a otras personas. Durante la práctica, es posible escuchar voces que dicen: «No lo estoy haciendo bien. Otros están consiguiéndolo, pero sencillamente yo no puedo hacerlo. Soy muy malo meditando». Aunque nuestro cerebro hace eso en un esfuerzo distorsionado de ayudarnos a entender las cosas o de prepararnos para algún desastre, raramente –si es que ocurre alguna vez– tiene un efecto positivo. De hecho, suele surtir el efecto contrario, como una toxina derramándose poco a poco en nuestra mente y nuestro cuerpo.

Merecerá la pena, pues, que investiguemos de qué modo nos afecta el evento mental de la autocrítica. Dedica un tiempo a pensar en alguna experiencia reciente en la que hayas sentido el impulso de criticarte. Trata de evocar dicho suceso, es decir, quién estuvo implicado, lo que sucedió y qué dio lugar a ese tipo de juicio y observa si puedes contactar con la emoción que subyace al juicio. ¿Se trata de un sentimiento de vergüenza, tristeza, irritación o, tal vez, cansancio? Por lo general, la necesidad de criticarnos a nosotros mismos aparece a partir de alguna emoción incómoda que experimentamos en ese momento. Es como si la estrategia de la mente fuese utilizar la crítica para alejarse de lo que no le gusta.

Sin embargo, aplicar la atención plena a ese recuerdo nos ayuda a ser más conscientes del ciclo de reactividad que acompaña al juicio y puede, como hemos visto con frecuencia, disipar la influencia que tiene sobre nosotros, abriéndonos a una visión más sabia.

¡Practica!

Cuando te sientes en tu cojín de meditación, presta atención a los juicios que albergas hacia los demás y hacia ti mismo. Trata de nombrarlos y de experimentar los sentimientos que los acompañan. Luego redirige amablemente la atención a la práctica para comprobar que, con frecuencia, el juicio y el sentimiento correspondiente acaban desapareciendo, evidenciando la naturaleza transitoria de los pensamientos y las emociones.

Cuando no estés en el cojín, intenta dedicar parte de la jornada a advertir cualquier juicio que aparezca en tu vida cotidiana y observa de qué modo te afecta física, emocional y mentalmente. ¿Te hace sentir más feliz o lo contrario? Esta práctica ayuda a tu cerebro a objetivar el juicio, lo que hará que de manera natural te sientas menos identificado con él, así como con lo que aparezca después.

Por último, la guinda del pastel es que, cuando aplicamos el mindfulness a la mente comparativa, se nos presenta una gran oportunidad de utilizar un extraordinario antídoto llamado «bondad amorosa» (ver también el capítulo 42). La bondad amorosa es la práctica de alentar el corazón enviando propósitos bondadosos a los demás y a nosotros mismos. Se trata de una práctica que puede tener un impacto directo a la hora de transformar los estados mentales negativos como, por ejemplo, la tendencia a la crítica interna.

Si eres propenso a juzgarte a ti o a otras personas, observa si puedes conectar con tu corazón y desear deliberadamente el bien a los demás o a ti mismo. Esta práctica informal de bondad amorosa puede ser un modo de fomentar una mente más benevolente y de sanar la irritación subyacente.

Como ocurre con todo lo demás en la vida, permite que emerja y desaparezca cualquier tipo de juicio acerca de esta práctica, haciendo que la experiencia directa sea tu maestra.

35. Descubre la mente comparativa

Todos nosotros pertenecemos a la especie humana y, de hecho, también al universo. No existe ninguna persona que no pertenezca a este planeta. El sentimiento de pertenencia es una necesidad fundamental que nos aporta seguridad y protección. No tenemos que aprender a pertenecer porque nacemos con un sentido inherente de ello. Sin embargo, nuestro cerebro tiene una tendencia natural a compararnos con otras personas para ver si pertenecemos a algo o estamos a la altura. Esto es lo que se llama la «mente comparativa» (pariente cercana de la crítica interna), algo que, si bien aparece en todas las áreas de la vida, se torna muy patente en nuestra práctica meditativa. Cuando no la controlamos, la mente comparativa –que es muy parecida a una trampa– genera de manera inevitable vergüenza, alimenta el obstáculo de la duda y nos paraliza por completo.

Incluso, al leer este libro o acometer estas prácticas, puedes percibirla diciendo: «No soy suficientemente bueno» o «No soy tan buen meditador como John... Soy un fracaso». Los grupos de MBSR son un suelo fértil para ese estado mental porque siempre hay algún tipo de control para comprobar si la práctica está funcionando. Una persona puede decir que está practicando a diario, mientras otra ha dejado de hacer la meditación formal durante toda una semana. Todo ello es combustible para que la mente comparativa haga acto de presencia: «Mira a Suze. Dice que medita cada día. Nunca seré capaz de hacer lo mismo».

La mayoría tenemos que esforzarnos en redescubrir qué significa para nosotros la meditación. Para algunas personas se trata de una práctica formal coherente que les permite aplicar la atención plena a su alimentación, mientras que a otras les atrae más el carácter estabilizador de un paseo atento por el parque e incluso hay quienes se refugian en el escáner corporal o en la práctica de la bondad amorosa.

Cuando adviertas que irrumpe en tu práctica la mente comparativa, recuerda las siguientes palabras del gran poeta, ya fallecido, John O'Donohue:

> *Nadie más tiene acceso al mundo que portas contigo; eres su custodio y su entrada. Nadie más puede ver el mundo del modo en que tú lo ves. Nadie puede sentir tu vida como tú la sientes. Así pues, es imposible siquiera comparar a dos personas porque cada una de ellas se apoya en un suelo diferente. Cuando te comparas con otras personas, estás invitando a la envidia a entrar en tu consciencia; y puede ser una invitada destructiva y peligrosa.*

¡Practica!

Trata de advertir cuándo aparece la mente comparativa en tu práctica e incluso en tu vida cotidiana. La percibirás diciendo cosas como: «No sirvo. No soy tan buen meditador como debiera, etcétera. No tengo una práctica real de meditación. No me siento centrado ni en calma». El primer paso consiste simplemente en identificarla en acción. Y, una vez que lo conseguimos, se convierte en parte de la práctica, algo que emerge en nuestra consciencia y nos brinda la oportunidad de reconocer que solo es un pensamiento encuadrado en una consciencia mayor de lo que somos. El segundo paso consiste en preguntarse: «Si no apareciese este pensamiento, ¿qué habría en su lugar?». ¿Es posible que entonces hubiese en tu práctica más espacio, más confianza y más tranquilidad?

Inténtalo y compruébalo tú mismo.

36. Acepta todo lo que se presente

Nuestra práctica meditativa culmina con la habilidad de liberarnos de las complicaciones absorbentes de nuestras historias, sensaciones y sonidos, para experimentar una libertad y una paz más profundas. En el MBSR, la práctica final que introducimos recibe el nombre de «consciencia sin elección», un ejercicio de consciencia abierta que integra todas las prácticas precedentes y nos enseña el modo de permanecer abiertos y presentes a las condiciones variables de nuestra mente. Cuando la llevamos a cabo, incrementamos la capacidad de aceptación y equilibrio, así como la sabiduría para percibir las cosas con claridad.

Si bien podemos, en cualquier momento, acceder a la consciencia sin elección; la razón para emprender antes las prácticas centradas en objetos específicos de atención es introducir todos los elementos de la experiencia y fortalecer la capacidad de prestar atención. Ahora, dotados de dicha experiencia, podemos empezar a establecernos más profundamente en una consciencia natural de la vida tal como es y liberarnos, a cada momento, de la necesidad de atender a un objeto para descansar en el presente atemporal. No hay ningún sitio a donde ir, nada que hacer, nadie que ser: tan solo aquí, ahora y siempre.

En cierta ocasión, el Buda aconsejó lo siguiente: «Desarrolla una mente que sea como el vasto espacio, en la que las experiencias agradables y desagradables aparezcan y desaparezcan sin conflicto, lucha o daño. Reposa en una mente que sea como el vasto cielo». Es a partir de este punto cuando empezamos a sentir la libertad ilimitada que nos ha acompañado todo el tiempo.

Eso no significa en modo alguno que el resto de las meditaciones sean inferiores, sino tan solo que estamos experimentando con otra modalidad de meditación mindfulness. Al igual que ocurría con las prácticas previas de mindfulness, lo realmente importante en esta práctica es lo que puede enseñarnos acerca de nosotros. Cada práctica de atención plena propicia un determinado sentido de libertad y comprensión. El hecho es que nadie está en posesión de la verdad de lo que es mejor para ti: si alguien afirma lo contrario, corre en la dirección opuesta.

Cuanto más practiques, más fácil te resultará descansar en la naturaleza inasible de la vida y abrirte a la libertad que ha estado esperándote desde siempre.

¡Practica!

Puedes acceder, en cualquier lugar y momento, a la consciencia sin elección. Para ello, efectúa unas cuantas respiraciones profundas y permite que este sea un momento de cambio desde la dimensión del hacer al espacio de ser. Empieza abriéndote a los sonidos presentes en la habitación y abre luego tu consciencia a las diferentes sensaciones, emociones y pensamientos. Inspira y ábrete a todo lo que esté ahí; espira y deja que todo sea tal como es. Sentirás la trayectoria de la experiencia emerger y desaparecer como las olas en el océano. Advierte cada vez que la mente capte un sonido, pensamiento o sensación y di «es así» y, cuando se aferre a otra cosa, repite «y también así».

Inspira y espira. Estás en casa.

Si deseas acceder a una meditación formal de la consciencia sin elección, la encontrarás en http://www.newharbinger.com/31731.

Parte V:

Sé

37. La consciencia viva (amorosa)

En la medida en que sigamos entrenándonos sinceramente en el arte del mindfulness, llegará un momento en que empezaremos a comprender que la vida posee un ritmo natural e incontrolable. Cuanto más intentemos luchar contra los huracanes emocionales o mentales que nos sobrevengan, más nos arrastrarán. En cambio, cuanto más practiquemos la apertura a lo que nos depare la vida, más sentiremos que esta es como una danza elegante y entenderemos, en un nivel profundo, el dicho «Lo que resiste persiste» y que todo lo que aparece «es así». Aun cuando lo que nos llegue sea la resistencia a la experiencia, «también es así». No hace falta aferrarse ni rechazar nada porque, por debajo de todos nuestros autoengaños y nuestra reactividad personal, reside una consciencia profunda y amorosa hacia todo lo que se nos presenta. Cuando dejemos de resistirnos a la vida, podremos escuchar el susurro bajo el ruido y los regalos comenzarán a revelarse por sí solos.

Cuando admitimos la vida tal como es y dejamos de luchar, emerge un sentido de seguridad y protección. Cuando, en el marco del espacio consciente, aparecen sentimientos o pensamientos dolorosos, la compasión también surge de manera natural. Y, si se presentan sentimientos y pensamientos alegres, los acogemos con más alegría si cabe. La práctica fomenta una fuente de seguridad y fortaleza ante los desafíos de la vida que intentan rasgar el tejido de nuestro ser. Una vez que comprendemos que, detrás de nuestros ojos, reside la misma consciencia que detrás de los ojos de nuestro vecino, de nuestro personaje famoso favorito, de la gente que está en guerra en el mundo e incluso del criminal más odioso, se sigue de ello una experiencia de comprensión y de conexión curativa.

Puede que, en este momento, ya tengas algún atisbo. Sigue inclinando tu mente hacia el mindfulness y trata de revelar esa consciencia amorosa que siempre ha estado ahí, esperando a que la descubrieses.

¡Practica!

Son muchas las personas que han dedicado su existencia a despertar esta consciencia natural. Son mujeres y hombres que han atravesado el ruido y se han arrojado al fuego de la vida para ayudar a aliviar tanto el sufrimiento ajeno como su propio sufrimiento. Una participante en una clase de MBSR se refirió a sí misma como una «guerrera atenta», no en un sentido agresivo, sino en el sentido de que, dotada de esa consciencia amorosa, sentía gran energía y valor para afrontar todas las dificultades. Podemos ver ejemplos de ello en la Madre Teresa y Martin Luther King Jr., quienes consagraron su vida a ayudar a la gente a despertar a la verdad fundamental de que todos estamos unidos.

El maestro espiritual Ram Dass tiene una maravillosa práctica que nos permite experimentar en nuestra vida cotidiana dicha consciencia amorosa. Él aconseja dedicar unos momentos a darse ligeros toques en el corazón repitiendo: «Soy consciencia amorosa, soy consciencia amorosa, soy consciencia amorosa».

Efectúa unas cuantas respiraciones profundas e inténtalo ahora mismo. ¿Puedes sentir la naturaleza esencial de lo que eres? ¿Cómo serían los próximos días, semanas y meses si pudieses responder a la vida desde este espacio? Permite que el coraje continuo de afrontar la vida con esta consciencia amorosa te guíe cada vez más todos los días.

38. Sumergido bajo tu identidad

Una pregunta tan poderosa como potencialmente liberadora que debes plantearte es la siguiente: «¿Quién soy yo sin mi historia?». Con frecuencia nos definimos sobre la base de lo que nos han dicho: eres guapo, inteligente, feo o torpe; tendrás éxito o nunca llegarás a nada; has heredado la ansiedad de tu tía o la inteligencia de tu madre. Las historias que has aprendido fueron modeladas en tus años de formación y se han convertido en tus propias narrativas, en tu definición de quien crees que eres. Tu historia puede verse exagerada con pensamientos de que eres el mejor, desvalorizada con pensamientos de que eres el peor o quizá te encuentras en un punto «intermedio».

La tarea que, para abrirte a nuevas posibilidades, tienes ante ti es llegar a ser consciente de tus historias, es decir, del relato con que te defines a ti mismo y la persona que crees ser.

Desde la perspectiva de la definición limitada que tienes de lo que eres, eso puede aportarte más libertad de la que nunca habías imaginado. En ocasiones, este tipo de historias –esta definición limitada de lo que eres– puede transformarse en una profecía autocumplida.

Joe era un estudiante de MBSR que fue educado para creer que era mediocre, que casi todo lo que hacía era, como mucho, correcto y que lo más que podía esperar de la vida era llegar a ser aceptable. Se le había dicho que tenía un «aspecto corriente» y una inteligencia promedio. En la medida en que iba transcurriendo el tiempo, Joe se sentía cada vez más desesperanzado con la parte que le había correspondido en la vida. Cuando, en nuestra clase, fue introducido al escáner corporal, empezó a observar su vida más detenidamente y a reconocer que su cuerpo y su mente albergaban una plétora de dolores físicos y emocionales. Sentía tensión, estrés e incomodidad en su estómago, pecho y mandíbula.

Tras ser introducido a la meditación sedente y practicarla cada día, Joe alcanzó una importante comprensión de sí mismo y del hecho de que estaba viendo el mundo a través de una definición muy estrecha. Cuando prestaba atención a sus estados mentales, se daba cuenta de que él no era sus pensamientos. Dado que sus pensamientos y emociones cambiaban de continuo, no eran «él». Eso le abrió la puerta de su corazón sintiendo que era alguien especial y único y que la definición constrictiva de lo que creía ser no era cierta. Dotado de esa nueva comprensión, Joe empezó a percibir inmensas posibilidades y a sentirse profundamente liberado de la esclavitud de su historia personal.

Aunque no podemos obviar las definiciones limitadas que tenemos de nosotros mismos, gracias a la consciencia empezamos a dejar de identificarnos con ellas, viéndolas con mayor claridad y comprendiendo que los nuevos potenciales son abundantes y que, en lugar de aferrarnos a ese tipo de autorreferencias, podemos abrirnos a una consciencia de nosotros mismos en la que todo es posible. Aunque la pregunta «¿Quién soy yo sin mi historia?» quizá suscite un cierto temor, también puede ser la cuestión más liberadora que podamos plantearnos.

¡Practica!

Establece el propósito de ser más consciente de tus pautas mentales. ¿Son alentadoras o autoderrotistas? ¿Son vivificadoras o autodestructivas?

Trata de integrar en tu jornada la práctica del DROP (en inglés STOP), que consiste en **d**etenerse durante unos momentos, **r**espirar, **o**bservar lo que sucede en tu cuerpo y mente y **p**roseguir con mayor presencia, algo muy similar a la práctica del chequeo atento. Puedes efectuar cualquiera de estas prácticas cien veces al día para comprobar si te estás autolimitando de algún modo y ver si te has perdido una vez más en tu historia de siempre y, en caso afirmativo, devolver tu mente al momento presente otras cien veces. Cuando te das cuenta de que no estás presente, ya vuelves a estarlo y puedes entonces escoger la libertad. ¡Conviértelo en una rutina cotidiana!

39. Descubre tu equilibrio natural

La historia de Nancy también es bastante frecuente. Cuando acudió a su primera clase de MBSR, compartió con nosotros que había vuelto a casa para un breve descanso de unos cuantos meses, puesto que había pasado medio año en el extranjero cuidando de su tío enfermo. «Me he perdido a mí misma completamente. He estado tan pendiente durante tanto tiempo de sus necesidades que ahora carezco del sentido de mí misma y me siento enfadada por eso. Espero que esta clase me ayude a recuperarlo, pero no estoy segura.»

Aunque cuidar de otras personas es un acto compasivo que nos hace sentir motivados, muchas veces puede surtir el efecto contrario, denominado «fatiga de la compasión». Son muchos los estudios actuales que demuestran que las personas que cuidan de ancianos y de pacientes maltratados o traumatizados pueden terminar desensibilizándose y mostrando menos compasión hacia ellos. Es como si perdiesen su equilibrio y ecuanimidad.

En el MBSR, aprendemos a practicar ecuanimidad, la cual no solo aporta a nuestra mente y nuestro corazón estabilidad, espaciosidad y equilibrio, sino que es la compañera perfecta de la compasión, ya que nos permite reconocer, sin perdernos ni vernos desbordados por él, tanto el dolor ajeno como el nuestro propio. En el MBSR, enseñamos la meditación de la montaña para aumentar dicha sensación de equilibrio y estabilidad mental y familiarizarnos con la transitoriedad natural de la vida. Para ello, se nos aconseja visualizarnos como una montaña que, a pesar del continuo cambio de las estaciones y sin importar el clima que haga, sigue presente y siempre permanece sólida, estable y equilibrada.

Tras llevar a cabo esta práctica durante unos minutos, Nancy abrió los ojos y afirmó que se sentía más calmada y relajada y que aceptaba su vulnerabilidad. Había empezado a entender que, bajo las olas de frustración, estrés y vulnerabilidad, se escondía una estabilidad a la que podía recurrir. Poco después, cuando volvió a cuidar de su tío, nos envió un correo electrónico en el que afirmaba que ahora cuidaba mejor de sí misma porque era capaz de reconocer cuándo aparecían fuertes perturbaciones atmosféricas. A veces utilizaba la meditación de la montaña para estar presente; otras, la gravedad del estrés abría sus ojos a la necesidad de un mayor equilibrio y de mostrarse más compasiva consigo misma. A la postre, admitió que debía contratar a tiempo parcial a una enfermera, lo que le dejaba ocasionalmente algunas horas libres.

¡Practica!

Presentamos ahora un par de variaciones sobre la meditación de la montaña para que las pruebes y veas si te brindan una experiencia de equilibrio en medio de la naturaleza siempre cambiante de la vida.

1. Siéntate en una posición confortable, cierra los ojos y efectúa unas cuantas respiraciones profundas. Permite que estas respiraciones sean como una toma de tierra para tu cuerpo.

2. Visualízate como una montaña e imagina la espesura del bosque cubriendo sus

laderas. Cuanto más puedas encarnar el sentido de ser la montaña, mucho mejor.

3. Experimenta el despliegue de las distintas estaciones –otoño, invierno, primavera, verano– y de qué modo estas afectan a la montaña. Tal vez el otoño le aporte bellos colores, el invierno traiga tormentas de nieve o hielo, la primavera haga brotar nueva vegetación y flores y el verano le aporte calor y, posiblemente, incendios forestales.

4. Formúlate la siguiente pregunta: «¿Cómo ha cambiado la montaña real?». La montaña sigue siendo la misma: sólida, firme y estable.

En medio de las emociones cambiantes, sé como la montaña: «Al inspirar, imagino que soy una montaña; al espirar, me siento firme y sólido». Siente el equilibrio que está ahí.

40. Una ilusión óptica de la consciencia

Albert Einstein es muy conocido por ser un genio de la ciencia, pero, además de su brillante intelecto, fue un hombre sabio y fascinado por los misterios del mundo y el universo. En un fragmento de una carta publicada en el *New York Post* (1972), leemos lo siguiente:

> El ser humano forma parte de un todo al que llamamos el universo, una parte limitada por el tiempo y el espacio. Pero el ser humano se experimenta a sí mismo, sus pensamientos, sensaciones y emociones, como algo separado del resto, como en una especie de ilusión óptica de la consciencia. Este estado ilusorio es una especie de prisión para todos nosotros, restringiendo nuestros deseos y afectos a unas cuantas personas cercanas. Nuestra tarea, consiste en liberarnos de esta prisión, ensan-

chando nuestro círculo de compasión hasta abrazar en su belleza a todas las criaturas y a todo el universo.

Einstein se refiere de manera elocuente a la unidad de todas las cosas. La materia está constituida por bloques básicos de átomos que se encuentran en todos los fenómenos materiales, de modo que la idea de que existe algo que esté separado es, como Einstein escribe, una «ilusión óptica de la consciencia».

Asimismo, Einstein denomina «prisión» a esta ilusión, puesto que limita nuestras vidas a unos cuantos placeres egoístas y afectos por las pocas personas que nos rodean. Ese modo de vida nos separa aun más si cabe, tornando más pequeño nuestro mundo y restringiendo nuestra definición de lo que somos (como hemos explorado en el capítulo 38).

Cuando expandimos la consciencia, empezamos a contactar con el mundo y el universo que todos compartimos y, obviamente, también se amplía nuestro sentimiento de compasión por los demás y por nosotros mismos. Nos damos cuenta entonces de que formamos parte de una totalidad, de que nadie está excluido de ella –humanos e incluso no humanos– y de que todos nos vemos sometidos a las mismas vicisitudes vitales, compartiendo los diez mil gozos y las diez mil penas.

¡Practica!

Este es un ejercicio que puedes llevar a cabo durante los próximos días o, si lo prefieres, durante el resto de tu vida. Conviértelo en una práctica que te ayude a romper el encantamiento de la ilusión que te separa de los demás, abriendo tu corazón a la compasión por todos los seres y por ti mismo.

1. Cuando te levantes por la mañana, siente tu cuerpo..., escucha los sonidos de los pájaros, de otros seres humanos o de otras criaturas saludando al día. Comprende que todos, al igual que tú, tienen su vida y desean ser felices y sentirse seguros.
2. Cuando te dirijas al trabajo, expande tu consciencia para incluir en ella a todos aquellos que te encuentres en la carretera, en los trenes y los autobuses, los cuales tratan de ganarse la vida para mantener a sus familias y a ellos mismos. Incluye tam-

bién a las criaturas del reino animal, que están ocupadas, como tú, recolectando comida y haciendo todo lo que deben para sobrevivir.

3. En el momento de la comida, siéntete agradecido por el hecho de tener alimento para comer y de que toda la vida sintiente necesita, al igual que tú, alimento para vivir.

4. Durante la jornada, cuando estés en tu oficina, en tu lugar de trabajo, en la escuela o allí donde te encuentres, mira a tu alrededor y reconoce que todos estamos juntos en esto. Cada uno de nosotros alberga sentimientos y cada uno de nosotros tiene anhelos. Dedica unos momentos a abrir tu corazón a la compasión por todos aquellos que te rodean.

5. Haz una breve pausa durante el día o la noche para sentir, tanto en tu mundo interior como en el mundo que te rodea, lo precioso que es estar vivo y extiende tu compasión y amor a ti mismo, a las personas que quieres, a todos aquellos que no conoces y a todas las criaturas grandes y pequeñas.

41. Ten en cuenta a todos los seres

Ya hace bastante tiempo que los científicos están de acuerdo en la idea de que todos los animales, incluidos los insectos, disponen de un cierto grado de consciencia. Los neurobiólogos han descubierto que las plantas poseen redes neuronales básicas y la capacidad de percibir. La drosera captura moscas con increíble precisión. Algunas plantas se cierran cuando las hormigas acuden a recolectar néctar, mientras que otras envían, cuando se sienten amenazadas, una fragancia a las plantas cercanas para advertirlas del peligro (Lanza y Berman, 2009). ¿Podríamos estar empezando a tener una comprensión primitiva de lo que es realmente un ser sintiente?

Si bien, por supuesto, los mamíferos, los reptiles, los insectos y las plantas no tienen la misma capacidad de pensamiento crítico que los seres humanos, considera durante unos momentos que comparten la misma consciencia fundamental. La idea de expandir nuestra consciencia e intenciones positivas a todos los seres sintientes aparece, en el MBSR, cuando llevamos a cabo completamente la práctica de la bondad amorosa. La práctica siempre concluye expandiendo nuestra consciencia a todos los seres y proyectando la intención de que se sientan seguros, disfruten de salud, sean felices y estén en paz. Esto puede parecernos extraño. ¿Por qué deberíamos, por ejemplo, desearle tal cosa a una cucaracha que corre por nuestra cocina? Cuanto más analizan los científicos los elementos de la vida, con más claridad ven que todos estamos realmente conectados. Se sigue de ello que, cuanto más bondad mostremos –incluso a una cucaracha–, más energía compasiva estaremos generando en el mundo, lo cual no solo enaltece a la cucaracha, sino también a ti y al resto de los seres.

En este punto, tal vez adviertas una señal de alarma en tu mente y pienses que nos hemos vuelto locos. Si percibes la presencia de este tipo de juicios, hazlos a un lado provisionalmente y permite que sea tu experiencia la que te proporcione las respuestas. Quizá no tengas una cucaracha dentro de casa con la que poner esto en práctica, pero puedes hacerlo con una araña e incluso con una hormiga. En lugar de matarla, observa lo que sucede cuando reconoces que ese pequeño insecto tan solo busca seguridad. Así pues, captúralo con suavidad y libéralo en un entorno natural.

¿Qué adviertes que surge en tu interior?

¿Percibes una experiencia de mindfulness y compasión o quizá incluso de conexión? Recuerda que lo que practicamos y repetimos de manera deliberada termina sucediendo automáticamente. De ese modo, aunque no compartas la idea de que mostrarte bondadoso con una cucaracha sea el modo correcto de ayudar al mundo, utilízalo como una oportunidad para fomentar las capacidades curativas que residen en tu interior.

¡Practica!

Intenta, durante un día o una semana, este experimento: actúa como si todos los seres te importasen. Si tienes una mascota, mírala a los ojos tratando de percibir la consciencia que reside en su interior y que es la misma consciencia fundamental que se esconde dentro de ti. Cuando contemples un árbol, observa si puedes sentir la consciencia que habita en él, moviéndose en el tiempo a un ritmo muy diferente que el resto de nosotros. Si descubres un insecto en tu casa, es natural que quieras deshacerte de él, en especial si se trata de una cucaracha, pero, en lugar de ello, considera a ese insecto como un ser consciente y ayúdale con amabilidad a alcanzar un espacio seguro.

Cuando te acuestes por la noche, repara durante unos momentos en todos los seres del universo y repite las siguientes palabras: «Que todos podamos sentirnos seguros, que todos tengamos salud, que todos podamos vivir en paz».

Y prepárate para un reparador sueño nocturno.

42. La bondad amorosa

Walt Whitman escribió: «Soy más grande y mejor de lo que imaginaba. No sabía que contuviese en mí tanta bondad». Se afirma que la bondad amorosa es el antídoto contra el temor. No solo alimenta la aceptación amorosa, sino que es, entre todas las prácticas que has aprendido hasta ahora, la que puede tener un mayor impacto a la hora de cambiar las pautas mentales negativas. Si bien el corazón de la bondad amorosa está entretejido de manera informal en toda el MBSR (como también lo está en el presente libro), es costumbre que, en el programa MBSR de ocho semanas, se presente esta práctica meditativa de manera completa en un retiro de un día de duración.

La belleza de esta práctica reside en que puedes efectuarla en cualquier lugar: en casa, en el trabajo o en tus vacaciones. En la medida en que te vas familiarizando cada vez más con la práctica formal de aplicar la bondad amorosa a tu vida, estás fortaleciendo de manera inevitable un sentido de conexión no solo con tu corazón, sino también con la vida misma.

¡Practica!

Tradicionalmente, en la práctica formal de la bondad amorosa se utilizan una serie de intenciones amables, dirigidas hacia los demás y hacia ti mismo, que con frecuencia asumen la forma de frases generales como: «Pueda yo (o tú) ser feliz y sentirme sano, poderoso y libre». Si bien en otras prácticas MBSR el foco atencional recae en la respiración, el cuerpo o el sonido –e incluso en contemplarlo todo con una consciencia abierta–, la práctica de la bondad amorosa, descrita a continuación, empieza enviando intenciones amorosas a uno mismo, aunque si esto te supone un problema, puedes empezar con el segundo o el tercer paso –es decir, enviándolas a un maestro, un amigo o una persona a la que ames– para avivar el corazón y después volver a ti. A la postre, tendrás que abrir este tipo de intención a todos los seres (ver el capítulo 43).

Podemos obtener un audio guiado de esta práctica en http://www.newharbinger.com/31731.

1. *Empieza contigo*: para ello, siéntate o acuéstate y lleva la atención a tu corazón. Proyecta ahora en tu interior las siguientes intenciones amorosas: «Pueda ser feliz. Puedan mi mente y mi cuerpo estar sanos. Pueda sentirme seguro y protegido del daño exterior e interior. Pueda liberarme del miedo, del temor que me mantiene bloqueado».

   Es bastante normal que a muchas personas les suponga todo un reto mostrarse bondadosas consigo mismas. Si también a ti te resulta difícil, entonces, haz una pausa, reconoce la dificultad y sitúa ambas manos sobre tu corazón esbozando un gesto de amabilidad, una pequeña muestra de bondad. Mientras lo haces, es probable que tu mente divague con pensamientos, recuerdos o distracciones externas. Eso está bien; tan solo toma nota de ello porque es otro momento de mindfulness, un punto de elección para retornar.

2. *Sigue con alguien al que consideres tu maestro o benefactor*: piensa en una persona que haya sido una fuente positiva de inspiración y de transformación en tu vida, es decir, alguien por el que sientas respeto y que te suscite un sentimiento de cariño. Puede ser alguno de tus padres o abuelos o un maestro, quizá incluso alguien a quien no conozcas personalmente, pero cuyas lecciones hayan tenido en ti un impacto positivo. Ahora imagina que esa persona está contigo, conéctala con tu corazón y dile: «Que puedas ser feliz; que tu mente y tu cuerpo estén sanos. Ojalá puedas sentirte seguro y protegido de todo daño exterior e interior. Ojalá puedas verte libre del temor». También puedes resumir las anteriores palabras diciendo: «Ojalá te sientas feliz, sano, seguro y libre de temor».

3. *Un amigo o alguien a quien quieras*: imagina ahora a una persona o un animal que esté vivo y que te importe. Piensa en lo que te gusta de él. ¿Acaso es su sonrisa, lo compasivo que puede llegar a ser, el modo en que te apoya o su generosidad con el mundo? Entonces,

visualízalo ante ti y dile mirándole a los ojos: «Que puedas ser feliz; que tu mente y tu cuerpo estén sanos. Ojalá puedas sentirte seguro y protegido de todo daño exterior e interior. Ojalá puedas verte libre del temor». También puedes resumir estas palabras diciendo: «Ojalá te sientas feliz, sano, seguro y libre de temor».

4. *Una persona neutra*: esta podría ser la cajera del supermercado o un vecino. Aunque no sepas mucho acerca de esa persona, sabes que quiere ser feliz, sentirse sana, estar en paz y verse libre de temor. No te preocupes si en este momento las palabras no te parecen las apropiadas, sencillamente úsalas como un medio para alentar tu corazón.

5. *Una persona difícil*: cambia ahora a una persona difícil, no alguien que te haya causado un trauma real, sino alguien que te resulte molesto e irritante. Imagina que está presente ante ti y envíale los mismos deseos que has enviado a las personas que te importan: «Ojalá puedas sentirte feliz, sano, seguro y libre de temor». Si eso te supone una dificultad excesiva, siempre puedes volver a enviar

bondad amorosa o simplemente colocar las manos en tu corazón para dedicarte un gesto de amabilidad, reconociendo la dificultad del momento y sabiendo que las circunstancias difíciles forman parte de la vida.

6. *Todas las personas y los seres en general*: expándelo a todas las personas, a todos los animales y, si te parece adecuado, a todos los seres en general: «Que todos podamos sentirnos felices, sanos, en paz y libres de temor».

7. *Conclusión*: cuando termines, dedica unos momentos a darte las gracias por haberte esforzado en llevar a cabo esta práctica en interés de tu propia salud y bienestar. Este es todo un acto de cariño por uno mismo.

43. Abriéndote a la interconexión

Según la teoría del *big bang*, estamos formados por polvo de estrellas y conectados e interrelacionados de modos muy directos. Cuando pienses en la interconexión, reflexiona en lo siguiente: este cuerpo en el que vives está conectado a la tierra en la que habitas, que a su vez está conectada al sistema solar y el universo. Ninguna de estas cosas está separada, sino que cada una de ellas depende de las demás.

Nada sobrevive aisladamente. El mundo y todas sus plantas y criaturas –grandes y pequeñas– se apoyan unas a otras para existir. Todo contribuye a los ciclos de la vida. Mientras la tierra se mueve alrededor del sol, las estaciones también giran, giran y giran, y cada una de ellas se ve sustentada por las demás. Hay una época de crecimiento en primavera y verano, y otra época de letargo y revitalización en otoño e invierno. Como en un gran terrario, nada se desperdicia, sino que todo está relacionado entre sí, alimentando y renovando la vida. Incluso los incendios forestales aclaran y fertilizan el suelo para que aparezcan nuevos brotes. No reconocer la interconexión existente entre todas las cosas significa vivir en el aislamiento, el temor, la soledad y la separación. Así pues, ojalá todos podamos crecer en sabiduría y experimentar un sentimiento de interconexión con todo cuanto existe.

¡Practica!

Concluiremos con una meditación de cierre sobre la interconexión. Sitúate en una postura, ya sea acostado o sentado, en la que no te veas molestado durante diez o quince minutos, una postura en la que te sientas cómodo y alerta.

Sé consciente del lugar en el que estás sentado o acostado y experimenta la sensación de contacto. Permite que tu consciencia se expanda para sentir la conexión con el suelo. Luego amplía más tu consciencia desde el suelo a la tierra que hay debajo y experimenta también esa conexión. Dedica unos momentos a sentirte en comunicación con la tierra y sostenido por ella.

Cambia ahora amablemente el foco de atención y lleva la consciencia al resto de los sentidos, prestando atención a cualquier sonido, olor, visión y sabor que sea más persistente y siente también esa clase de conexión. Siente que estás vivo y presente y que permaneces en tus sentidos.

Vuelve ahora a cambiar con suavidad el foco de atención y observa la respiración entrando y saliendo de tu cuerpo. Permanece presente y, cuando inspires, aprecia el regalo procedente del mundo vegetal que exhala oxígeno para que tú respires. Siente a continuación el don de la reciprocidad al exhalar dióxido de carbono, el cual también es un regalo para que las plantas puedan respirar. Experimenta este intercambio de oxígeno y dióxido de carbono, apoyándose mutuamente para poder prosperar.

Lleva después la consciencia a tu corazón, sabiendo que eres un ser precioso, que cada uno de nosotros tiene un lugar en el mundo y que no se deja abandonado a nadie. Experimenta con gran ternura este sentido de conexión con tu propio corazón y extiéndelo poco a poco a tu familia, amigos, comunidad y a todos los seres vivos.

Ahora que has llegado al final de esta meditación –y de este libro–, ojalá llegues a sentir que estás en comunión con tu corazón y sientas también cuál es tu lugar en este mundo y que estás interconectado con toda la vida. Ojalá todos los seres encuentren la puerta de entrada a su corazón y conozcan la paz.

Bibliografía

Baxter, L.R., Jr., J.M. Schwartz, K.S. Bergman, M.P. Szuba, B.H. Guze, J.C. Mazziotta, A. Alazraki, C.E. Selin, H.K. Ferng, P. Munford y M.E. Phelps. «Caudate Glucose Metabolic Rate Changes with Both Drug and Behavior Therapy for Obsessive-Compulsive Disorder». *Archives of General Psychiatry* 49(9), 1992, págs. 681-89.

Brown, B. *Daring Greatly: How the Courage to Be Vulnerable Transforms the Way We Live, Love, Parent, and Lead.* Gotham, Nueva York, 2012. (Versión en castellano: *Frágil: el poder de la vulnerabilidad.* Ediciones Urano, Barcelona, 2013.)

Carlson, L.E., M. Speca, P. Farisy y K.D. Patel. «One Year Pre-Post Intervention Follow-Up of Psychological, Immune, Endocrine and Blood Pressure Outcomes of Mindfulness-Based Stress Reduction (MBSR) in Breast and Prostate Cancer Patients». *Brain, Behavior, and Immunity* 21(8), 2007, págs. 1038-49.

Carmody, J., y R.A. Baer. «Relationships Between

Mindfulness Practice and Levels of Mindfulness, Medical and Psychological Symptoms and Well-Being in a Mindfulness-Based Stress Reduction Program». *Journal of Behavioral Medicine* 31(1), 2008, págs. 23-33.

Christakis, N.A., y J.H. Fowler. «The Spread of Obesity in a Large Social Network over 32 Years». *New England Journal of Medicine* 357(4), 2007, págs. 370-79.

Creswell, J.D., B.M. Way, N.I. Eisenberger y M.D. Lieberman. «Neural Correlates of Dispositional Mindfulness During Affect Labeling». *Psychosomatic Medicine* 69(6), 2007, págs. 560-65.

Davidson, R.J., J. Kabat-Zinn, J. Schumacher, M. Rosenkranz, D. Muller, S.F. Santorelli, F. Urbanowski, A. Harrington, K. Bonus y J.F. Sheridan. «Alterations in Brain and Immune Function Produced by Mindfulness Meditation». *Psychosomatic Medicine* 65(4), 2003, págs. 564-70.

Dweck, C.S. *Self-Theories: Their Role in Motivation, Personality, and Development.* Psychology Press, Filadelfia, 2000.

—. *Mindset: The New Psychology of Success.* Ballantine Books, Nueva York, 2006. (Versión en castellano: *La actitud del éxito.* Ediciones B, Barcelona, 2007.)

Einstein, A. Carta publicada en el *New York Post.* 28 de noviembre, 1972, pág.12.

Ekman, P., R.J. Davidson y W.V. Friesen. «The Duchenne Smile: Emotional Expression and Brain Physiology II». *Journal of Personality and Social Psychology* 58(2), 1990, págs. 342-53.

Emmons, R., y M. McCullough. «Counting Blessings versus Burdens: An Experimental Investigation of Gratitude and Subjective Well-Being in Daily Life». *Journal of Personality and Social Psychology* 84(2), 2003, págs. 377-89.

Farb, N.A., A.K. Anderson, H. Mayberg, J. Bean, D. McKeon y Z.V. Segal. «Minding One's Emotions: Mindfulness Training Alters the Neural Expression of Sadness». *Emotion* 10(1), 2010, págs. 25-33.

Farb, N.A., Z.V. Segal, H. Mayberg, J. Bean, D. McKeon, Z. Fatima y A.K. Anderson. «Attending to the Present: Mindfulness Meditation Reveals Distinct Neural Modes of Self-Reference». *Social Cognitive and Affective Neuroscience* 2(4), 2007, págs. 313-22.

Fowler, J.H., y N.A. Christakis. «Cooperative Behavior Cascades in Human Social Networks». *Proceedings of the National Academy of Sciences of the United States of America* 107(12), 2010, págs. 5334-38.

Fredrickson, B.L., K.M. Grewen, K.A. Coffey, S.B. Algoe, A.M. Firestine, J.M.G. Arevalo, J. Ma y S.W. Cole. «A Functional Genomic Perspective on Human Well-Being». *Proceedings of the National Aca-*

demy of Sciences of the United States of America
110(33), 2013, págs. 13684-89.

Hölzel, B.K., J. Carmody, M. Vangel, C. Congleton,
S.M. Yerramsetti, T. Gard y S.W. Lazar. «Mindfulness
Practice Leads to Increases in Regional Brain Gray
Matter Density». *Psychiatry Research* 191(1), 2011,
págs. 36-43.

Ito, T.A., J.T. Larsen, N.K. Smith y J.T. Cacioppo. «Ne-
gative Information Weighs More Heavily on the
Brain: The Negativity Bias in Evaluative Categori-
zations». *Journal of Personality and Social Psychology* 75(4): 1998, págs. 887-900.

Kabat-Zinn, J., A.O. Massion, J.R. Hebert y E. Rosen-
baum. «Meditation», en *Textbook on Psycho-On-
cology,* editado por J.C. Holland. Oxford University
Press, Oxford, 1998, págs. 767-79.

Killingsworth, M.A., y D.T. Gilbert. «A Wandering Mind Is an
Unhappy Mind». *Science* 330(6006), 2010, pág. 932.

Kraft, T.L., y S.D. Pressman. «Grin and Bear It: The In-
fluence of Manipulated Facial Expression on the
Stress Response». *Psychological Science* 23(11),
2012, págs. 1372-78.

Lanza, R., y B. Berman. *Biocentrism: How Life and
Consciousness Are the Keys to Understanding
the True Nature of the Universe.* Benbella Books,
Dallas, Texas, 2009. (Versión en castellano: *Biocen-
trismo.* Editorial Sirio, Málaga, 2012.)

Miller, J., K. Fletcher, J. Kabat-Zinn. «Three-Year Follow-Up and Clinical Implications of a Mindfulness-Based Stress Reduction Intervention in the
Treatment of Anxiety Disorders». *General Hospital
Psychiatry* 17(3), 1995, págs. 192-200.

Neff, K. *Self-Compassion: The Proven Power of Being
Kind to Yourself.* William Morrow, Nueva York, 2011.
(Versión en castellano: *Sé amable contigo mismo:
el arte de la compasión hacia uno mismo.* Ediciones Oniro, Barcelona, 2012.)

Neff, K.D., y C.K. Germer. 2013. «A Pilot Study and Randomized Controlled Trial of the Mindful Self-Compassion Program». *Journal of Clinical Psychology*
69(1): 28-44.

Niemiec, C.P., R.M. Ryan y E.L. Deci. «The Path Taken:
Consequences of Attaining Intrinsic and Extrinsic
Aspirations in Post-College Life». *Journal of Research
and Personality* 73(3), 2009, págs. 291-306.

Parks, G.A., B.K. Anderson y G.A. Marlatt. «Relapse
Prevention Therapy», en *International Handbook
of Alcohol Dependence and Problems,* editado
por N. Heather, T.J. Peters y T. Stockwell. Sussex,
Inglaterra: John Wiley and Sons, 2001.

Poulin, M.J., S.L. Brown, A.J. Dillard y D.M. Smith. «Gi-
ving to Others and the Association Between Stress
and Mortality». *American Journal of Public Health*
109(9), 2013, págs. 1.649-55.

Rosenzweig, S., J.M. Greeson, D.K. Reibel, J.S. Green, S.A. Jasser y D. Beasley. «Mindfulness-Based Stress Reduction for Chronic Pain Conditions: Variation in Treatment Outcomes and Role of Home Meditation Practice». *Journal of Psychosomatic Research* 68(1), 2010, págs. 29-36.

Segal, Z.V., P. Bieling, T. Young, G. MacQueen, R. Cooke, L. Martin, R. Bloch y R.D. Levitan. «Antidepressant Monotherapy vs. Sequential Pharmacotherapy and Mindfulness-Based Cognitive Therapy, or Placebo, for Relapse Prophylaxis in References Recurrent Depression». *Archives of General Psychiatry* 67(12), 2010, págs. 1256-64.

Shapiro, S., J. Astin, S. Bishop y M. Cordova. «Mindfulness-Based Stress Reduction for Health Care Professionals: Results from a Randomized Trial». *International Journal of Stress Management* 12(2), 2005, págs. 164-76.

Shapiro, S.L., G.E. Schwartz y G. Bonner. «Effects of Mindfulness-Based Stress Reduction on Medical and Premedical Students». *Journal of Behavioral Medicine* 21(6), 1998, págs. 581-99.

Teasdale, J.D., J.M. Williams, J.M. Soulsby, Z.V. Segal, V.A. Ridgeway y M.A. Lau. «Prevention of Relapse/Recurrence in Major Depression by Mindfulness-Based Cognitive Therapy». *Journal of Consulting and Clinical Psychology* 68(4), 2000, págs. 615-23.

Agradecimientos

De Elisha Goldstein:

Son muchas las personas implicadas en el proceso de escritura de un libro. Me siento profundamente agradecido a todos mis estudiantes, pacientes, maestros, familiares y amigos, sin cuyas aportaciones el presente libro posiblemente no hubiese visto la luz y, especialmente, sin el apoyo y el amor de mi esposa, Stefanie, mis dos hijos, Lev y Bodhi, y el tercero y más pequeño, quien no tardará en llegar a este mundo. Y también mi más profundo agradecimiento a Bob Stahl, coautor de este libro, amigo y maestro maravilloso, cuya compañía a lo largo de este viaje he percibido como una inmensa bendición.

De Bob Stahl:

Quisiera expresar mi reconocimiento a mi familia, maestros y estudiantes y a todas las criaturas, grandes y pequeñas, con las que comparto este fascinante y misterioso universo en el que todos vivimos. Mi más profunda gratitud a todos los que me han guiado en este sendero de corazón y consciencia y también al coautor de este libro, Elisha, auténtico compañero y buen amigo.

De Elisha Goldstein y Bob Stahl:
Queremos manifestar nuestro reconocimiento a Jon Kabat-Zinn por traer al mundo la reducción del estrés basada en el mindfulness (MBSR), a Stephanie Tade por ser una agente y una guía tan maravillosa, y a todo el equipo de New Harbinger por su cuidado en el parto de este libro.